はじめに

　若いころの恥ずかしい過ちというのは誰もが振り返りたくないものですが、自分にとってのそれは「文字を作る」ことでした。一番熱中したのは、おそらく中学2年生のころ。まさに「中二病」です。

　学生のころ、友人間だけで通じる暗号などを作り、それを授業中にこっそり回したりした、といった経験のある方も多いでしょう。

　いわばその類(たぐい)の話なのですが、私の場合なぜか、「すべての文字を自分オリジナルなものにして、自分だけの究極の文字体系を作ってやろう」と思い立ち、ひたすらその作業に没頭したのです。

　どうせヒマな中学生、何をやろうが勝手ですが、今考えても**極めて非生産的な活動でした。**

　別に友人と共有するわけでもなく、ただ自分の書きたいことを書くばかり。さらに、その文字で授業のノートを取り、後でそれが読めなくなるに至っては、**もはや実害**です。

　青春の1ページというよりは、青春のページをムダに破り捨てた中学時代でした。

　そもそも、なぜ自分のノートが読めなくなってしまったかというと、特に初期はいろいろとこねくり回して、しょっちゅう文字の形や読み方が変わっていたからです。

ただ、面白いもので、そんな「自分文字」も書いているうちに進化していき、徐々に書きやすく、機能的になってきたりするのです。

　結果、あれからもう20年以上もたっているにもかかわらず、いまだに私はこの自分文字をすらすら書くことができます。そして、今でも嫌なことがあったり、隠し事があったりすると、この文字で怒りや妬みや嫉みをぶつけたりするわけです。

全然成長してないな、おい。

　お前は永遠の中学2年生か。

　ただ、もし文字に興味を持ったことに意味があったとしたら、その後世界や言語にいろいろと興味を持ち、「変わった文字を使っている」という理由で本格的にロシア語を学んだり、文字を求めて中東やインドを旅したり、ヒエログリフやマヤ文字といった古代文字を現地で見たりする貴重な機会を得たことでしょう。

　そこで、考えたのです。

　「中学生当時の俺は、『究極の文字を作ってやる』との思いで自分文字を作成した。だが、あれからいろいろな文字を知った上で今、究極の文字を作ろうとしたら、もっと素晴らしい文字ができるのではないか？」

　古代エジプトのヒエログリフ解読のきっかけとなった「ロゼッ

タストーン」は有名ですが、あれのもう1つの面白さは、エジプトの文字がどのように変化していったかがわかるということです。

ヒエログリフというまさに「絵文字」が、使いやすい「ヒエラティック」という書体に、それがさらに簡略化された「デモティック」という文字になる過程が見えるのです。

つまり、文字は「変化」あるいは「進化」していく。実際、私の自分文字ですら、進化していったのです。

だからこの**バカな試み**を公開することで、人類における文字の変遷(へんせん)を知るための貴重な資料となる。なるかもしれない。なったらいいな。**なると思うのは勝手だろ**──。そんな強い願いを込めて、ここに今「究極文字プロジェクト」をスタートさせようと考えた次第です。

今まで私が見た、知った、学んだ文字を紹介しつつ、その「いいところ」を抽出し、組み合わせて「究極の文字」を作っていきたいと思います。我ながら書いていて「本当にできるのか？」と思いますが、まぁそのへんは**騙し騙し**(だま)やっていきたいと思います。

究極の文字を求めて　目次

はじめに　1

第1章　中二病的とんがり文字 vs 女子高生的丸文字
- 世界一危険な文字／チベット文字　8
- ナイフみたいに尖っては／ベンガル文字　12
- 網から転げ落ちる文字／シンハラ文字　16
- 丸から始まり丸に終わる／タイ文字その1　19
- 「あいつ、四角くなっちまったよな」
　／パスパ文字・モンゴル文字　22

第2章　どこで切るか、それが問題だ
- インド棒／デーヴァナーガリー文字　28
- さらばインド棒／グジャラーティー文字　32
- かわいいから許す／オリヤー文字　35
- チェック済み／テルグ文字　38
- 文字は踊る／クメール文字　42

第3章　古代の文字はロマンの香り
- コケコッコー／ヘブライ文字　46
- モアイを出せモアイを／ロンゴロンゴ文字　49
- 横顔に恋をして／マヤ文字その1　52
- 自由にもほどがある／マヤ文字その2　56
- 孤高の原始(風)文字／ティフィナグ文字　60

第4章　母音をどう表すか問題

- 嫁なのか、闇なのか／アラビア文字　64
- 文字は転がる／カナダ先住民文字　67
- 豚の鼻と火星人／ゲエズ文字　71
- 細川たかしを表記できるか？／ギリシャ文字　76
- 怪音波を発しがち／突厥文字　79

第5章　そんなルール、ありですか…?

- ダイイングメッセージ／オガム文字　84
- そこを取るんだ⁉︎／ターナ文字　88
- 省略はきちんと示そう／タイ文字その2　91
- 笑う牛／ブストロフェドン　94
- 赤面するほどに流麗な／ジャワ文字　97

第6章　何かに似ている

- 視力検査／ミャンマー文字　102
- リーゼントブルース／シリア文字　105
- 雨水をムダなく溜める／アルメニア文字　108
- UFOキャッチャー／グルムキー文字　112
- 蚊取り線香を吊るそう／ソヨンボ文字　116

第7章　文字で遊べ！
- カンバンが読めません／ルーン文字　122
- 振り向けばそこに牛／ヒエログリフ　126
- 思いのままにピックアップ／チェロキー文字　130
- 偽古代文字を作ろう／ハイリア文字　134

第8章　オリンピックとか、国旗とか
- 滑る文字／グルジア文字　140
- 幻の文字を探せ！／ロシア文字　143
- ゴマ粒ほどの違い／キリル文字（ウクライナ語）　147
- 文字じゃないよ、○○だよ／ハングル　150
- 世界はもっと文字を使うべき／国旗　153

第9章　身のまわりの文字たちの起源
- 文字兄弟／タミル文字　158
- 世界征服を企む文字／ラテン文字　162
- これも文字と言えば文字／数字　167
- かな導入のご提案／ひらがな　170
- トリ情報の流出／漢字　178

おわりに　181

第 1 章

中二病的とんがり文字 vs 女子高生的丸文字

世界一危険な文字
チベット文字

「世界で一番危険な文字」があるとしたら、それはどの文字だろうか、とたまに考えることがあります。危険な文字と言っても別に、**反社会的な思想をあおる文字**とか、「DEATH」や、「F○CK」や、「プロレタリア革命万歳」がたった1文字で表せる文字ではありません。あくまで物理的な意味です。

たとえば、文字ブロックで遊んでいる子どもの手から流れ弾が飛んできたり、ビルの壁に貼られた**「PARCO」の文字のうち「P」だけが落下**してきたとき、どのくらいの怪我(けが)をするか、ということです。

まず、安全なのはなんといってもミャンマー文字でしょう。

ဘ ခ ဂ ဃ ဿ

こんなコロコロした文字ばかりなので、投げつけられても、上から降ってきても比較的安全。ただし、**床に転がっているのを踏むと転ぶので注意が必要**です。

ラテン・アルファベットも比較的単純な形が多いので、「V」の先端に頭をぶつけさえしなければ、そう危険ではなさそうです。

漢字などは危険そうに見えて、意外とそうでもありません。全

体に四角形になるように構成されているため、無用のでっぱりが少ないのです。

では、逆に危険な文字は何か。私が自信をもっておすすめしたいのが、チベット語の表記に使われる「チベット文字」です。

たとえばこんな感じです。

བོད་ཀྱི་སད་ཡིག

見てのとおり、全体的に下に向かって尖っているのです。たとえば、

སྐ（sk）

この文字に至っては、下の部分がまるで剣山です。上の部分を握ってメリケンサックのように使うことすら可能です。

རྟ（rt）

こちらは下に突き刺したうえ、上部のレバーを握ってさらに圧力をかけることも可能です。

ཉྭ（nyw）

攻撃力を増すために先端に**黒曜石**のようなものがついています。**お前は縄文時代の狩人か。**
　この文字はインドで今も使われている「デーヴァナーガリー文字」から派生したと考えられており、7世紀に、名君とされるチベットの王、ソンツェン・ガンポが配下の僧をインドに派遣して持ち帰らせた文字とされています。
　デーヴァナーガリー文字とは、カレー屋さんとかでよく見かける、アレです。

देवनागरी

　このように、デーヴァナーガリー文字も下に向かって垂れ下がりがちではあるのですが、チベット文字ほど尖ってはいません。
　派遣された僧たちがインドでロックに目覚め、**文字の先をナイフみたいに尖らせてしまった**としか思えません。
　この文字のもう1つの特徴、それは「綴りと読みがかなり乖離している」ということ。たとえば先ほどのソンツェン・ガンポ王の綴りをラテン文字で表すと、Srong-btsan sGam-po となるそうで、英語もびっくりの乖離っぷりです。
　現在、チベットは中国の支配下に置かれ、独自文化衰退の危機に置かれていると言われます。でも、綴りと読みの乖離も、長い歴史があるからこそ。武器のように尖ったチベット文字で、ぜひ文化を守り通してほしいものです。

文字メモ

主な使用地域：
チベット、ブータン、インド北東部
使用言語：
チベット語、ゾンカ語、シッキム語など

中国では危機に瀕していると書いたが、実はブータンのゾンカ語やインドのシッキム語でも使われている。チベット文字といえば、ガラガラと回すだけでお経を唱えたことになることで名高いマニ車に書かれている文字として有名。便利かつありがたき文字なのだ。

ナイフみたいに尖っては
ベンガル文字

　「中二病」という言葉、ご存じの方も多いと思います。「俺は他の人とは違う特別な人間だ」「こんな腐った社会に流されてたまるか。ポイズン」といった気張りから、妙に尖った発言をしてみたり、誰からも理解されないファッションをしてみたりする、あれです。

　この病気をこじらせると、**自作ポエム**を書き始めるので注意が必要です。数年後、「こんな世界を愛するために……」といったエグ〇イル風のポエムを机の奥から見つけた日には、**自殺願望を強く掻き立てられます。**

　この中二病、たまに社会人になってもまだ治っていない人がいて困ります。いや、エグザ〇ルのことを言っているわけではありません。

　さて、中二病を生暖かく見守るのが大好きな私が秘かに「文字界の中二病」と呼んでいる文字があります。それがベンガル文字です。

　バングラデシュおよびインドの西ベンガル州を中心に使われる「ベンガル語」の表記に用いられる文字。ベンガル語はバングラデシュでは公用語になっており、使用人口は2億人と、日本語を優に上回る大言語です。こんな感じです。

বাংলা লিপি হল একটি লিখন

「なんだか妙にひらひらしている」という以外、それほど中二病っぽさは感じられないかもしれません。ですが、この文字を兄弟文字ともいえるデーヴァナーガリー文字（ヒンディー語など）と比べてみると、その違いがよく見えてきます。

　そもそもこの2つの文字は形自体がものすごく似ており、丸の形や線の角度などがちょっと違うくらい。なのに、全体の印象がけっこう違うのです。ためしに「ウィキペディア」のロゴを比べてみましょう。

विकिपीडिया

　これが、デーヴァナーガリー文字で書かれた「ウィキペディア」です。横に1本引かれた棒（私はインド棒と呼んでいる）と、丸まっこいフォルムが特徴ですね。これが、ベンガル文字だとこうなります。

উইকিপিডিয়া

　どうでしょう？　全体的に切れ味が増した気がしませんか？
　右から2つめの文字が典型ですが、デーヴァナーガリー文字で

はムーミンの横顔のようなフォルムの文字 या が、ベンガル文字ではイナズマのようになっています যা。

左の2つの文字 ਉइ の上では、**線がヨン様のマフラーのようにひらひらと舞っています。**

なんというか全体的に、「中学生が考えた自作サインの書体」風なのです。こんな感じでいろいろな文字が「ちょっとずつ尖っている」のがベンガル文字の特徴。たとえば、「b (ba)」を表す文字が、デーヴァナーガリー文字では ब なのに対し、ベンガル文字では、ব と、出刃包丁のように尖ってしまっています。もっとも、この特徴さえつかめば、ヒンディー語とベンガル語の区別がつかなくて困ることはありません。

謎の組織に連れ去られ、「さぁ、これはヒンディー語かベンガル語か。答えられたら解放してやろう」などという事態に陥ったとき、ぜひ思い出してみてください。

さて、形だけかと思われがちですが、実はベンガル文字というのは実際、けっこう「尖った」文字なのです。

バングラデシュという国はイスラム教徒が多数派を占める国ですが、イスラム教徒の多い国では、固有の文字があったとしても、アラビア文字へと表記を変えることが多いのです。ペルシャ（イ

ラン）しかり、ウイグルしかり。トルコもかつてはアラビア文字を使っていました。

バングラデシュに近いところでは、パキスタンがそうです。言語的にほぼヒンディー語と同じなのですが、表記にアラビア文字を使っており、言語的にも「ウルドゥー語」と、別言語として扱われます。それに対してバングラデシュでは、今も昔もベンガル文字一本。**「俺は決して変わらない、いや変われない」**というこだわりが感じられます。

バングラデシュはかつて、現在のパキスタンと一緒に独立を果たし、「東パキスタン」と呼ばれていた時代がありました。

その後分裂し、今のパキスタンとバングラデシュに分かれたのですが、分裂の原因の1つに、ウルドゥー語を強制しようとした西パキスタンへの反発があったと言われます。

長い歴史を持つ言語と文字への誇りが、それだけ強かったということでしょう。

あの詩人タゴールも使ったというベンガル語とベンガル文字、ぜひ学んでみてほしいと思います。

文字メモ

主な使用地域：インド・西ベンガル州、バングラデシュ
使用言語：ベンガル語

尖った文字とはいえ、仕組みは意外と保守的。インド系文字の特徴ともいえる文字上部の棒（シローレーカー）は、他のインド系文字では続々と廃止されているが、ベンガル文字では健在。ちなみにインドのアッサム地方で使われるアッサム文字は、ほぼこのベンガル文字と同じ。

網から転げ落ちる文字
シンハラ文字

සිංහල භාෂාව ලිවීමට යොදාගන්නා අකුරු සිංහල අකුරු නම්වේ.

丸い。
それが、とにかく最初の印象でした。全体が丸いのはもちろん、線という線が丸い。
ほとんど丸そのものという文字もあれば

ර（R）

頭にウサギの耳がついたような文字

පෑ（P）

ハートをひっくり返したような文字

ධ（dh）

までバラエティに富んだ丸さ。女子高生が作ったのか、と思わせるかわいさです。まぁ、**「丸文字＝女子高生」って、いつの時代の発想だ**、という話ですが。

　このシンハラ文字とは、スリランカのシンハラ語話者の間で使われる文字です。インドのサンスクリットと同系統の文字で、お寺に立っている「卒塔婆（そとば）」によく書かれている梵字（ぼんじ）とルーツは同じ。つまり、最初から丸っこかったわけではないのです。

　ではなぜ、厚木シロコロ・ホルモンのように、**ちょっと箸で押したら焼き網から転がり落ちるようなフォルム**になってしまったのか。

　本当かウソかわかりませんが、スリランカで聞いた話によれば、もともとシンハラ語はヤシの葉に書かれていたそうです。いかにも南国らしい話ですが、このヤシの葉は繊維の関係で、まっすぐ線を引くと葉が切れてしまう。だから自然と丸みを帯びていった、とのことなのです。

　なるほどシンハラ文字は、**葉っぱの上にも書けるというフレキシビリティ**を持った文字だったのです。

　まさに生活の知恵。私はそれを聞いて、ガツンと頭を殴られたような気になりました。

　当たり前のように紙が手に入る現代ですが、いつ何時、資源不足にならないともかぎりません。そうなったら我々はまた、ヤシの葉を紙として使う日がくるかもしれない。いつの時代にも使える「究極の文字」をめざすからには、ヤシの葉だろうが手のひらだろうが、どこにでも書けなくてはならない。

もの余りの時代、私はシンハラ文字から「エコロジー」の本質を教えられたのでした。
　まぁ、スリランカと違って、**日本にはヤシがほとんど生えていない、**という問題はありますが。

文字メモ

主な使用地域：スリランカ
使用言語：シンハラ語
スリランカで最大の使用人口を誇るシンハラ語の文字。ただしスリランカはシンハラ語と並びタミル語も公用語のため、2言語表記のサインも多い。丸々太ったシンハラ文字とカクカクしたタミル文字が好対照。実はルーツは同じインド系。

丸から始まり丸に終わる
タイ文字その1

　私の手元に、「タイ文字の書き順を勉強する本」があります。各文字の解説だけでなく、なぞりながら習得することもできる本格派。なんでそんなもの買ったのかさっぱり覚えていませんが、なんとなくたまに見返しています。
　ちなみにこの本、帯に「ドリアンは果物の王様。タイ文字は文字の王様」と書いてあるのですが、最後まで読んでもその根拠がどこにも出てきません。見るたびに、**ちょっと心がざわつきます。**
　それはともかく、本項で取り上げるタイ文字は、日本でもよく見かける代表的な外国の文字と言えるでしょう。
　その独特のかわいらしさで女子高生に大人気かもしれないという説もあったりなかったりするそうです（ちなみに、タイの女子高生の間では日本語のかなが「カワイイ」と大人気だとか。世の中、需要と供給のバランスがうまくいかないものです）。
　見た目のかわいらしさは、なんといってもその「丸」の多さでしょう。たとえば、「タイ王国」を表す以下の文字、

ราชอาณาจักรไทย

実に13文字中9文字に丸が入っています。**フックをかけて吊るす**のに便利そうですね。ちなみに「ラーチャ・アーナーチャク・タイ」と読みます。このうち、後ろから5つめの文字 ก は、「カ」を表す文字で、ここでは「アーナーチャク」の「k」を表しているのですが、この文字の解説を読んでみると、「タイ文字には珍しく、丸のつかない文字です」とあります。やっぱり自分でも、丸の多さを自覚はしているようです。

この丸、1つならまだいいですが、ณ となってくると、「最初のやつはともかく、右下のそれ、わざわざくるっとしなくてもいいんじゃないか？」という気にもなりますし、1つの文字の中に3つ丸が入っている ฮ という文字になると、**うっすらとした狂気**すら感じます。

もともと、カンボジアで使われているクメール文字がタイ文字のルーツで、このクメール文字にもわりと丸が多いのですが、ここまでじゃありません。カンボジア人たちはそんなタイ文字を見て、「**あいつら、丸くなっちまったな**」とか思っているかもしれません。大都会で人間関係の荒波にでももまれたのでしょうか。

なぜ丸まっていくかというのは、多少は論理的に説明できます。文字は誕生したころには主に、木に刻まれたり石に彫り付けられたりしたため、どうしても直線が多くなります。それがだんだん

と滑らかな素材に書きつけられるようになり、徐々に丸みを帯びてくる、という寸法です。

　ちなみに今のようにワープロ、プリンター時代になると文字はどう変化するのか、これもまた面白いテーマです。「インクの減りが少ない文字」なんてのも現れてくるかもしれません。

　この丸の唯一のメリットと言えるのは、「書き順がわかりやすい」ということです。どんな文字でもほぼ、この丸から書き始めることになっているのです。

　ただ、บとかกとかはわかりますが、โとかは、下の丸から書き始めて、上にグイッと持ち上げねばならないので、**明らかに地球の重力に反した書き方**をしなくてはなりません。

　あれ、メリットじゃないか？

　ともあれ、なぜここまでタイ文字には丸が多いのか。もう「この丸はドリアンを表している」ということにしてしまっていいかもしれません。ほら、タイ文字は「文字の王様」ですから。

文字メモ

主な使用地域：タイ
使用言語：タイ語
同じ音を表す文字が複数あったり、綴りと発音がけっこう違ったりするのが特徴の1つ。また、声調を表すルールもなかなか複雑。かわいいフォルムに似合わずなかなか厄介な文字。とはいえルール化はされている。

「あいつ、四角くなっちまったよな」
パスパ文字・モンゴル文字

まずはこちらを見てください。

モンゴル国旗なのですが、左側に**今にも崩れそうなジェンガ**のような物体があるかと思います。これ、実は文字なのです。

といっても、現在のモンゴルで使われているキリル文字とも違えば、その流麗(りゅうれい)なフォルムで文字ファンの間で人気が高い（当社比）モンゴル文字とも違います。

実はこれ「ソヨンボ文字」という文字で、その中でも「文章が始まる際につけるマーク」なのです。

なんとなく珍妙な響きの（失礼）この「ソヨンボ文字」とは何かを説明する前に、ここでモンゴルにおける文字事情をさかのぼることをお許しください。なかなか味わい深い歴史があるのですよ。

もともと、モンゴル高原には数多くの遊牧民族たちが暮らして

いましたが、固有の文字はありませんでした。

　騎馬民族の彼らにとっては、**「文字なんて必要ねえ！　ヒャッハー！」**という感じだったのでしょう。

　流れが変わったのはモンゴルの英雄である白鵬、じゃなかったチンギス・ハーンが現れ、周辺の諸民族を次々と征服し、大帝国を作り上げてから。

　やはり国の統治には文字が不可欠ということで、当時、周辺でもっとも文化的に進んでいたウイグル人のウイグル文字をベースに、モンゴル文字を作り上げました。

　というより、モンゴル語をウイグル文字で書き表した、というのが正確なところです。

　このような流麗なフォルムが特徴で、その姿は草原をかける駿馬のようです。

　さて、それから時は過ぎ、第70代横綱に日馬富士が、じゃなかった第5代皇帝にフビライ・ハーンが就任。すると、彼は遊牧民族的なものが残っていた帝国の組織を、巨大帝国にふさわしいものに改革。国号を「元」と中国風に変えるとともに、独自の文字を制定しました。

　それがこちら、パスパ文字です。

チベット人の僧侶であるパスパ氏が作った文字ですが……第一印象はとにかく**「四角い」**のひと言。

昔はナイフみたいに尖っていたのに、今ではすっかりおとなしくなってしまった人のことを、「あいつも丸くなったよな」なんて言いますが、モンゴル高原に残り、中国化していくフビライを苦々しく思っていたモンゴル人たちは、この文字を見てきっと、こう言ったに違いありません。**「あいつも四角くなったよな……」**。

もっとも、円滑な統治のためには、**四角い**ほうがよかったのかもしれません。ほら、四角い**仁鶴がまーるくおさめまっせ**、ともいいますし。

ただ、そんな**仁鶴師匠の思いも届かず**、この文字はモンゴル人からも中国人からも「四角くて書きにくいわ！」と不評で、すぐに廃れることに。

ただ、四角いだけあって印章と相性がよかったらしく、ほぼ印章専用の文字として生き残りました。

『世界の文字の図典』（吉川弘文館）にすごいのが載ってました。17世紀にこのパスパ文字で書かれたダライ・ラマの印章とのことですが、

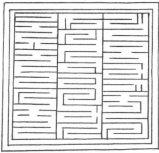

『世界の文字の図典』（吉川弘文館）より

　もはや**文字というより迷路**です。とまぁ、そんな迷路に迷い込んだモンゴル文字の世界に、新たなキャラが登場するのは17世紀のこと。それがソヨンボ文字だったのです（p116参照）。

文字メモ

主な使用地域：東アジア
使用言語：モンゴル語

「新しい文字」とは言っても、実はチベット文字とそっくりで、チベット文字をカクカクさせたらほぼパスパ文字になる。当時の西域ではウイグルのみならず、契丹や女真、西夏も漢字をベースにした（とはいえ、どれもかなりユニークな文字）それぞれの文字を持っていたため、モンゴルも独自の文字がほしかったのだろう。

第 2 章

どこで切るか、それが問題だ

インド棒
デーヴァナーガリー文字

　インドにはものすごい数の言語や文字がありますが、中でも最大勢力がヒンディー語であり、その文字でもあるデーヴァナーガリー文字です。
　「デーヴァ」＝神の、「ナーガリー」都市の、という意味なので、神々(こうごう)しいまでにスタイリッシュで都会的な文字、といったところでしょうか。そんなこと言われるとかえってハードルが上がって使いにくそうなものですが、ヒンディー語だけでなく、インド国内の別の言語（マラーティー語など）にも用いられ、隣国ネパールのネパール語でも使われます。もちろん、都会でも田舎でも。
　日本でも、インド料理屋さんなどでよく見かけるはずです。日本ではメジャーなマニアック文字の1つでしょう。
　まぁ、ヒンディー語だけで2億人以上の話者がいるわけですから、マニアックなんて言ったら怒られます。日本語のほうがよほどマニアックなのです。
　さて、その最大の特徴はやはり、「文字の上のほうに引いてある横棒」。この横棒があるだけで一気にインドっぽくなるので、私は**「インド棒」**と呼んでいます。
　このインド棒を使うことで、どのくらいインドっぽくなるか、ちと実験してみました。

ぬれてであわ
↓
ぬれてであわ

　おお、一気にインドっぽくなった！　ちなみにこの棒、ちゃんと名前があって「シローレーカー」といいます。書き順としては、他の文字要素を書いてから、最後に一気にピーッと引いていきます。これはなかなか快感なのですが、後からきれいに棒を1本引くというのは意外と難しいもの。

　以前、インドに行ったとき、子どもが文字を書くのを横で見ていたことがあるのですが、シローレーカーのバランスを取るのがなかなか難しそうでした。

　なぜ、こんな七面倒なことをするのか、と思われそうですが、実は非常に大きな意味があります。このインド棒は「1つの単語ごと」に引くというルールになっています。つまり、これが単語ごとの切れ目を表すわけです。単語の切れ目を表すなんて当たり前、と思われそうですが、実は意外とこれが難しい。

　かつてのローマ帝国時代のラテン語の碑文などを見ると、切れ目を表すいわゆる「分かち書き」がほとんどされていないことに気づきます。英語にたとえれば「THISISAPEN」などと書いてあるわけです。

　タイ語など、いまだに分かち書きしない言語も多く、かくいう日本語もそうなわけです。単語の切れ目を示すというのは、自分

の使っている言語をある程度客観的に把握しなくてはならないわけで、意外と難しいのです。

　多くの言語では、ラテン・アルファベットをはじめとして、単語ごとに少しスペースを空けて区切りを示すか、英語の筆記体のように1つの単語をつなげて書いたりすることで、区別をするようにしています。

　それに対して、**「1つの単語はインド棒でグサッと串刺(くしざ)しにしてしまえ」**というのがデーヴァナーガリー文字。なかなかにダイナミック、かつ、そこはかとなくやけっぱちで、好感が持てます。

　この横棒があるとどれだけ読みやすくなるか、再び実験を敢行します。ひらがなだけの日本語の文章に、横棒の代わりに、下線を引いてみます。

1. <u>ぬすんだ</u> <u>ばいくで</u><u>はしりだし</u> <u>よるの</u><u>こうしゃの</u><u>まどがらす</u>を<u>こわす</u>
2. <u>ぬすんだ</u> <u>ばいくで</u> <u>はしりだし</u> <u>よるの</u> <u>こうしゃの</u> <u>まどがらすを</u><u>こわす</u>

　おお、むちゃくちゃ読みやすい。思わず盗んだバイクで走り出したくなるような読みやすさ。さすがインド棒、侮(あなど)れません。響きが「フォン・ド・ボー」に似ているのも、おいしそうで好印象です。

　まぁ、なんか**「下線部を漢字に直しなさい」**っていう国語のテストみたいにも見えますが。

　このように、単語の切れ目を示すことができれば、文字は一気

に読みやすくなります。

　究極の読みやすさをめざしたければ、こうした工夫が不可欠です。それもできれば、スペースを空けるとかではなく、こうした粋(いき)でいなせな工夫がほしいところです。あなたの日常にインドをもたらし、なおかつ機能的なインド棒。ぜひ、使ってみてください。普通に生活しているかぎり、使用機会は皆無(かいむ)ですが。

文字メモ

主な使用地域：インド、ネパールなど
使用言語：ヒンディー語、ネパール語、マラーティー語など

インド系の文字で最大の使用人口を持つザ・インド文字。文字と文字をつなげるシローレーカーが特徴。子音と子音が組み合わさって特殊な形状を取るなど、わりと特殊なルールも多い。サンスクリットの表記にも使われる由緒正しき文字。

さらばインド棒
グジャラーティー文字

　前項で、インドの文字（デーヴァナーガリー文字）の特徴として、単語ごとに一本の棒を通すことで、文章の切れ目をわかりやすくする、ということを挙げました。
　単語の切れ目がわかるとともに、インドっぽさも200％アップのこの素晴らしい棒のことを「インド棒」（本名はシローレーカー）と呼び絶賛したのですが、実際これ、書いてみるとけっこうめんどくさいのです。
　書き終わってから最後に1工程加えなければなりませんし、すべての文字にバランス良く1本の棒を通す、というのは意外と難しいもの。ど真ん中に棒を貫き通してしまった日には、図のように全否定と受け取られかねません。

正しいインド棒
おもてなし

間違ったインド棒

　これでは「おもてなし」ではなく、「だいなし」です。うまいこと言いましたか？　違いますかそうですか。
　ともあれ、「ええいめんどくさい、こんな棒いらん！」という

インド人が現れるのも無理はありません。そういうラディカルな文字が、インドはグジャラート州を中心に使われている「グジャラーティー文字」です。

　グジャラート州というのはインド西部の海沿いにある地域で、古くから商業が盛んな地域です。グジャラート語という言語が主に使われており、その表記にこの文字が使われます。話者は4500万人以上に上るというのですから、下手なヨーロッパの言語よりよほどメジャーです。

　見ていただければわかるとおり、デーヴァナーガリー文字からインド棒をスポッと抜くと、ほぼグジャラーティー文字になります。

デーヴァナーガリー文字	ગુજરાતી લિપિ
グジャラーティー文字	ગુજરાતી લિપિ

　なんというか、インド棒というくびきから解放されたことで、一気に自由奔放になったイメージがあります。まるで文字が踊りだしているようです。

ધ (dh) とか જ (j) なんて今にも踊りだしそうな雰囲気ですし、છ (ch) は、ステージの上で突然クルクル回りだす人を彷彿とさせます。

この **S**(k) に至ってはまるで、『**サタデー・ナイト・フィーバー**』**でのトラボルタの決めポーズにそっくり**です。

まさに自由奔放な文字、それがグジャラーティー文字なのです。

ちなみにこのグジャラート州出身で最大の有名人といえば、なんといってもマハトマ・ガンジー。言わずと知れたインド独立の父です。

インド棒を取り払ったグジャラート人の末裔(まつえい)が、今度はインドを支配するイギリスという棒を取り払った……。

まぁ、インド棒をイギリスの植民地支配と重ねるのもどうかと思いますし、**そもそもガンジーはそんなこと1ミリも考えてなかった**と思いますが。

文字メモ

主な使用地域：インド・グジャラート州
使用言語：グジャラート語
別名「商人文字」「銀行員文字」。東西の要衝にあたるグジャラートは古くから商業が盛んな地域で、彼らの合理性が棒を取っ払ってしまったのかもしれない。ちなみに成立は16世紀ごろとされているが、19世紀くらいまでは、知識人階級はデーヴァナーガリー文字を使っていたらしい。「ありゃ商人の文字でっせ」という感じだったのだろうか。

かわいいから許す
オリヤー文字

　前項で、「インド棒」（シローレーカー）を取り払ったグジャラーティー文字の話をしましたが、そこまでラディカルではないにしろ、みなこのインド棒の扱いにはそれなりに困っているようで、長いインドの歴史の中で、いろいろな形に変化していきました。

　その中の1つが、インドのオリッサ州を中心に使われる「オリヤー文字」です。オリッサ州はインド東部、西ベンガル州の南西に位置しています。正直ちょっと地味なところですが、世界遺産のスーリヤ寺院や、ブバネーシュワルという長ったらしい州都の名前で（一部好事家の間で）有名です。

　字面だけ見ると、インド棒どころかすべての要素を**「オリャー」と投げ飛ばしてしまいそうな文字**ですが、実際にやったのは極めて温和なことでした。それは、このインド棒をかわいらしく丸めてしまう、ということ。

ଓଡ଼ିଶା

　見てくださいこのかわいらしさ。お前は女子高生か！　というくらいの丸めっぷりです。あの、「ブバネーシュワル」という長ったらしい州都の名前すら、

ଭୁବନେଶ୍ୱର

　こんなにかわいく大変身。第1章で紹介したスリランカのシンハラ文字（p16参照）もコロコロしていましたが、それ以上のコロコロっぷり。**ここまでコロコロしていると、果たし状すらラブレターと思われそうな勢いです。**

　見てのとおり、文字の上部がクリリンの頭のようにクリクリしていますが、これが例の**インド棒のなれの果て**です。いくつかの文字の上についている丸い傘のようなものも丸まっこさを強調していますが、これは母音の「i」を表しています。

　なかでも私が一押しの文字がこれ。ଞ　パンが2つ並んでいるようなかわいらしさ。ちなみに「ニャ」と発音するところもかわいさポイントアップ。

　この文字を1文字送るだけで、「おなかすいたから、パン屋さん寄ってこうニャ」なんてメッセージが伝わりそうです。

　オリヤー語フォントはまだ、携帯やスマホなどには標準装備されていませんが、いずれ使えるようになった場合、女子高生を中心に爆発的な人気を博すことが予想されます。それを見越して今から、オリヤー語を勉強しておく、というのも一興です。

　そして、女子高生が使っているのを横から、「いや、その文字の発音は本当は〇〇でだな」などと口を挟（はさ）みましょう。確実に嫌われます。

インド棒の意味は、単語ごとの切れ目を明確にすることでした。そういう意味ではこのオリヤー語においては、まったくその機能が果たされていないわけで、ある意味本末転倒。**だったら残すな、**とすら言いたくなります。でもまぁ、かわいいから許す。そんな文字です。

文字メモ

主な使用地域：インド
使用言語：オリヤー語
オリヤー文字およびオリヤー語は英語では「Odia」と書かれることが多い。というのもこの「リ」という音、日本語にも英語にもない音で、たしかにリともディとも聞こえる。

チェック済み
テルグ文字

　学生の頃よく、学校の近くにある居酒屋「天狗」に行ったものです。つい最近、同じ場所に行ってみると店名が「テング酒場」になっておりました。
「天狗」を「テング」とカタカナに変えることでよりキャッチーに、「酒場」とすることで親しみやすくしてオサレ女子の利用を狙う……という戦略かなと思いましたが、実際には昔と変わらぬ単なる居酒屋でした。何にせよ、「カタカナにしようと酒場にしようと、**天狗から離れなければ女子は呼び込めまい**」と思った次第です。
　さて、そんな**無意味な前段**を経て、本項で取り上げるのは「テルグ文字」です。
　インド南部・アーンドラ・プラデーシュ州を中心に8000万人もの話者人口を誇るテルグ語を表記するための文字です。
　テルグ語は実に、ヒンディー語、ベンガル語に次いでインドで使用人口3位の大言語であり（英語は除く）、インド南部を中心に広がる「ドラヴィダ語族」に属する言語では、最大の規模を誇ります。思わず「**テングになるなよ！**」とでも言いたくなる言語です。
　その特徴ですが、ちょっと見ていただくとおわかりのとおり、

この「チェックマーク」です。謎のチェックマークがついた文字がなぜか多いのです。

క గ చ ప త

　昔、ある王様が臣下に文字を作らせ、「この字はダメ」「この字は採用！」と、採用する字にチェックマークをつけていったのを、そのまま文字に組み込んでしまった……なんて理由だったら**愉快なのですが、まったく違います。**
　インド系の文字というのはもともと「ブラーフミー文字」というものがルーツとなっているのですが、これはこんな感じの文字です。

+ ? ∧ し [d ф Ɛ H ን C

　ただその後、どこの誰だか知りませんが、**「文字の上に飾りとかつけるとヤバいよな！」**とか言い出した輩がいたらしく、ちょっとした頭飾りがつくようになりました。たとえるなら、単なる縦棒「｜」が、「I」になった、といったところです。
　その飾りがどんどん長くなり、「T」みたいになった文字もあれば、さらに装飾的に「Y」みたいになっていった文字もあります。
　さらにその飾りがつながって1本になってしまったのが、前出のデーヴァナーガリー文字（p28参照）。

विकिपीडिया

　私が「インド棒」などと呼んでいるこれ、実は長くなった**頭飾りのなれの果て**だったのです。ただ、単語と単語のつながりがわかるので、意外と便利ではあります。
　そしてテルグ文字に関しては、この飾りがチェックマークとして残った、ということのようですが……**だったらもういっそ取ればいいのでは？**
　まぁ、それでもこのマークが妙な魅力を醸（かも）し出しているのも事実。

　たとえば、私が一番好きな文字はこれ。ద「da」を表す文字ですが、マークが「結び目」のように見え、**紐（ひも）で吊（つ）るした桃**を持ち運んでいるかのようです。

　他にもメロンにしか見えない、ర（ra）など、なぜかこのマーク、文字が潜在的に持つフルーツっぽさを引き出す効果があるようです。そんなもの引き出すべきかはよくわかりませんが。
　先ほど、使用人口が多いと言いましたが、実は存在感が意外と薄く、たとえばドラヴィダ系の言語の中では、使用人口的にはより少ない「タミル語」こそが代表、と言われたりします。
　タミル語の歴史の古さや文学作品の多さに加え、テルグ語の言語としての標準化が進んでいない、という問題もあるようです。ある意味、ちょっと不遇な言語であり、文字なのです。

文字メモ

主な使用地域:
インド・アーンドラ・プラデーシュ州
使用言語: テルグ語

ドラヴィダ系の州は州ごとに独自の文字を持っており、テルグ文字はお隣、カルナータカ州のカンナダ文字と非常に似ている。ただしカンナダ文字はチェックマークの代わりに、セレブっぽく髪をファサっとかきあげる（ಠ）。経済発展著しいバンガロールを擁する州だけに意識高い系なのか。違うか。

文字は踊る
クメール文字

　カンボジアというのは複雑な国で、東南アジアの中でも最初に華やかな王宮文化を生み出したにもかかわらず、その後衰退。しかも、内戦により国内が大混乱に陥り、今でも「内戦の国」「貧しい国」というイメージが強いかと思います。
　でも、私はカンボジアの文字である「クメール文字」を見るたびに思うのです。こんな**ゴテゴテとした飾りのある文字を使う国が貧しいわけがない**、と。こんな感じの文字です。

ព្រះរាជាណាចក្រកម្ពុជា

　なんというか、**塔が乱立する装飾過多な寺院**のような感じがしませんか？　アンコールワットのイメージに引きずられているかもしれませんが。なかでも特に、看板などで使われる「ムール体」という書体がすごいです。こちらです。

ជាតិ សាសនា ព្រះមហាក្សត្រ។

　なんというか、全体にうねりまくっているような文字。私はこの文字を見るたび、おつまみコーナーに置いてある**ホタテの貝**

ひもを思い出します。これもまた、「ムール貝」のイメージに引きずられているかもしれませんが……。

さて、もう一度クメール文字を見ていただくと、1つの特徴に気づかれるかと思います。それが、文字の上のギザギザした屋根のような部分です。たとえば 🝒 はKを表す文字ですが、上にギザギザが2つ、入っています。この文字も含め、「カンボジア王国」を表すこの文字の中に10個以上入っています。**ギザギザがカッコいいとかいうブーム**でもあったのでしょうか？　そういえば、日本でも『ギザギザハートの子守唄』なんて曲がブームになったこともありました。

なかでも特に、 が私のお気に入り。まるで洗濯物が物干し台に吊るされているように見えませんか。灼熱（しゃくねつ）の国・カンボジアだけに、洗濯物もよく乾きそうです。ちなみにこれ

 が、「プノンペン」を表す文字ですが、見事にギザギザしています。

ちなみにクメール文字、文字の作り方もなかなかユニーク。子音字を上下から母音記号や補助記号で挟み込んでさまざまに変化させ、複雑な音を書き表すことができ、この 1語で「プノン」を表します。なんという省エネっぷり。東○電力にもぜひ、見習ってほしいところです。

歴史的に言えば、このギザギザ、インド系の文字に特有な棒（シローレーカー、いわゆるインド棒）が変化したもの。しかし、インドでは単なる横棒だったものが、なぜこんなにギザギザになってしまったのか。
　雪国の屋根は雪が積もらないよう、わざと傾斜をつけているといいます。なるほどこれは**雪国の知恵か**、と思ったのですが、**先ほど灼熱の国・カンボジア**とか書いたばかりでした。健忘症か自分は。
　そんなこんなでこのギザギザの由来は長年の謎だったのですが、先日カンボジア関係のテレビ番組に伝統ある宮廷の踊りの映像が出てきて、ふと気づきました。
　これだ！　この手の動きだ！　カンボジアの宮廷の踊りを忠実に再現していたのですね。これで、クメール文字を見るたびになぜか華やかな印象を受けていた理由もわかりました。
　宮廷の踊りの繊細な手の動きを表すため、あえてギザギザを入れる。まさにアンコールワットにふさわしい、高貴な文字。それがクメール文字なのです。
　あ、途中からすべて嘘です。念のため。

文字メモ

主な使用地域：カンボジア
使用言語：クメール語

クメール語は文字だけ見ると隣のタイと近そうで、実は右隣のベトナム語と同系統。同じ子音に２つの文字があり、母音の読み方が変わってくる。また、子音が連続する際、元の字の下に次の子音が書かれ、元の形とは違う形をとる。これを脚子音といい、複雑さを演出する要素の１つ。

第 3 章

古代の文字はロマンの香り

<small>コケコッコー</small>
ヘブライ文字

　最近のPCやスマホの性能はすごいな、と思うことの1つに、使える言語の豊富さが挙げられます。たとえばiPhoneで「使用言語」のプロパティを開くと、ロシア文字やアラビア文字はもちろん、タイ文字やヒンディー文字なども使えます。うれしくなって思わずヘブライ文字を選択。画面の表示が一瞬ですべてヘブライ文字になり、思わず「おおっ！」と歓声を上げてしまいました。

　ただ、そうすると当然のことですが「設定」とか「言語」という表示もヘブライ語になってしまうわけです。どこをどうしたら元に戻るのかわからなくなり、しばらく途方にくれました。

　さて、そんな**がっかりエピソード**で知られる（俺だけか）ヘブライ文字ですが、私はこの文字を見るたびに「古代の風」を感じます。

　「風を感じる」というとナ〇シカみたいですが、実際、この文字の歴史は古く、遅くとも紀元前後には今のような形に落ち着いたと言われています。

　ただ、単純に古いというだけならば、ギリシャ文字やラテン文字、インドのデーヴァナーガリー文字はさらに古いですし、字体がだいぶ変わったとはいえ、漢字もさらに歴史のある文字です。なのになぜこのヘブライ文字に古代を感じるのか。それは、この

文字が文字として稚拙なところを残しているからだと思うのです。
　そんなことを言うと、イスラエルの諜報機関である**モサドに暗殺されそう**ですが、まずは話を聞いてください。話せばわかります。
　文字は一般に、歴史を経るにしたがって「書き分け」ができるようになります。似通った形の文字があったとしても、それが徐々に明らかに違う形に進化していくわけです。逆に言えば、古代の文字ほど似通った文字が多いということなのですが、このヘブライ文字、そうした文字が多いのです。たとえば、

ב　כ　נ

なんて、ほとんど誤差の範囲に見えますが、しっかりと違う文字なのです。ちなみに一番左が「b」を表す「ベート」、2つ目が「k」を表す「カフ」、最後のが「n」を表す「ヌン」です。
　ヘブライ文字はアラビア文字と同じく、母音を表記しません。ということで、「バカな子ばっか（BKNKBKK）」と言いたければ、

ב　כ　נ　כ　ב　כ　כ

と、**鶏の鳴き声**みたいなことになってしまうわけです。ココココココ。ちなみに、この文字に「v」を表す「ו（ヴァヴ）」と、「d」を表す「ד（ダレット）」、さらに「ע（アイン）」という文字を加えることで、

קוּקוּריקוּ

「コケコッコ」が再現できます。驚くほどどうでもいい話ですが。
　以前、イスラエルに行った際、この文字が現役で使われていることにいたく感動したものです。それもイスラエルというのは意外なほどの近代国家。近代的な建造物にこの文字が書かれているわけですから、なおさらユニークなわけです。
　このヘブライ文字もヘブライ語も、一部のユダヤ人家庭で細々と使われていたのを、「現代ヘブライ語の父」と呼ばれるベン・イェフダーという人物が現代に復活させたことで、日の目を見ることになりました。
　イスラエル建国についてはいろいろな問題を生み出しもしましたが、1つの文字が長い歳月を経てこうして日の目を見るというのは、文字ファンにとってはうれしいことです。

文字メモ

主な使用地域：イスラエルほか
使用言語：ヘブライ語
ヘブライ文字で母音を表したい際には、文字に「ニクード」と呼ばれる記号をつける。これは主に点で構成されていて、たとえばその文字に母音iがつくなら「חִ」のように点が一つ、eだと「חֶ」のように3つ点が打たれる。これが入ると急に点字っぽくなり、古代文字から一気に現代にワープするから面白い。ただし、学校教材などにしか使われない。

モアイを出せモアイを
ロンゴロンゴ文字

「ロンゴロンゴ文字」という文字をご存じでしょうか。
　──子曰、君子和而不同。小人同而不和？
　ええ、それは論語ですね。**論語論語文字**です。ていうか、漢字ですね。
　──「あ」を表す「◁」の文字を90度右に回転させて「△」になると「い」と読み、それをさらに回転させて「▷」になると「お」、「▽」になると「え」を表すというように、文字を回転させることで異なる母音を示すことで有名な「カナダ先住民文字」？
　マニアックな文字知ってますね。いえ、違います。それは**「ゴロンゴロン文字」**ですね。
　──1980年代の日米における、中曽根康弘首相とレーガン米大統領との緊密な関係のこと？
　それは「ロン・ヤス関係」ですね。**もはやロンしか合ってません**し、そもそも文字ではありません。
　さて、そんな**茶番**を経て本項で紹介したいのは、ロンゴロンゴ文字。モアイで有名なイースター島の文字です。こんな感じです。

なんというか全体に人というか、トカゲっぽい文字が目立つと思います。多いんでしょうか、トカゲ。ただこの文字、実はいまだに解読されていない「謎の文字」なのです。

この文字が記録に現れたのは1860年代のことですが、当時、イースター島の人口は外来者の侵略や彼らからもたらされた疫病などで激減。この文字を読める人がほとんど残っていなかった、といいます。

また、現存する資料が少ないうえ、形だけ真似をした偽物が多数現れたりしたことも、解読の困難さを増しているようです。

というより、「そもそも文字なのか」すらわかっていません。

理由の1つは、イースター島が西洋人に「発見」された直後には、この文字のことが誰の記録にも出てこないのに、1860年代になって急に現れたこと。西洋人が文字を使っているのを見て、なんとなく形を真似してみただけでは、という説もあるのです。私もその説に賛同します。

その理由は、「**モアイっぽい文字がないから**」。

120ほどの文字が確認されているようですが、「これ、明らかにモアイじゃね？」という文字は見つかっていないようなのです。

いきなりバカなことを言い出したと思うかもしれませんが、本気です。だってイースター島と言ったらモアイですよ。イースタ

一島の文字にモアイっぽい文字がないなんて、日本の文字にサムライや忍者っぽい文字がないようなもの。……うん、**ないですね。**

　前言撤回。これ、ちゃんとした文字だと思います。

　現実には、西洋人と接触してたった100年でしっかりした文字体系を作るのはかなり難しいかもしれません。文字というより、たとえば儀式の流れを絵文字化して備忘録にするといったような「文字の前段階」だった可能性もあります。

　だとしても、このまま歴史を重ねていけば、ちゃんとした文字体系を作り上げていたかもしれません。そのとき、イースター島の人々は「モアイ」をどのような文字で表現したのでしょうか。想像は尽きません。

文字メモ

主な使用地域：イースター島
使用言語：ラパヌイ語？
文字の数は120ほどとされていて、そのバリエーション（異字体）として500弱くらいの形があるらしい。ちなみにインダス文明で用いられた未解読の「インダス文字」とこのロンゴロンゴには似たような字がけっこうある。まさか関係があるとは思えないが、人が文字を作ろうとするとこういう形になりがちなのか、という共通点が見えるようで面白い。

横顔に恋をして
マヤ文字その1

　マヤ文字について語りたいのですが、**突っ込みどころが多すぎて**、どこから話していいものか迷います。たとえるなら、定年間際(まぎわ)のベテラン社員が、ギャル上がりの新人女子社員の指導をするがごとく。「時間は守ろうね、あと、年上にタメ語はやめようね。それと、そもそも**会社にサンダルで来るのもやめておこうか**」。
　ともあれ、まずは実物を見ていただきたいと思います。こんな感じです。

　まず、**どれが文字なのか**という話ですが、右に4列ほど、左に1列ほど、**鎌倉彫の文様**みたいなのが書かれたパネルが並んでいますよね。この1つ1つが文字です。
　「なんかパネルの中にちらちら、薄気味悪い人の横顔みたいなのが見えるけど……」と思う方もいるかもしれません。
　たとえばこの文字。

人かどうかは疑問ですが、これは横顔にほかなりません。そして**横顔ですが、文字です。**

さて、文字には「読み順」があります。ラテン・アルファベットなら左から右、アラビア文字なら右から左、日本の文字なら上から下、あるいは左から右ですね。

マヤ文字は、「左上から読み始め、まず右に、次に左斜め下、そして右……」の繰り返しです。**ちょっと何言ってるのかわからない**かと思いますが、たとえば

A B C D
E F G H
I J K L

というふうに文字が並んでいたとしたら、A→B→E→F→I→J→C→D→G→H→K→Lとなる、ということです。

ここまで話してもまだ突っ込みどころは半分、といったところ。そんななんとも**やっかいな文字**なのです。

ところで、写真が粗くてすいません。以前、メキシコのパレンケ遺跡に行って自分で撮ってきた写真なもので。その際は10日間ほどかけて、中米のマヤ遺跡を回り、この文字の書かれた石碑をあちこち巡ってきました。**大好きか。**

すいません、先ほどやっかいな文字などと言いましたが、実はけっこう好きなのです。

マヤ文字は、かのマヤ文明にて使われた文字。紀元2世紀くら

いから現れ、9世紀ごろまで盛んに使われていました。

　ただ、9世紀以降マヤ文明は謎の衰退期に入り、文字もだんだん廃(すた)れていくことになりました。そんな中でスペイン人が中米に進出し、一部の狂信的なキリスト教の宣教師たちが残った写本を焼き尽くすという暴挙に出たこともあり、マヤ文字の知識は完全に断絶。以後、この文字を読める人はまったくいなくなってしまったのです。

　その後、マヤ全盛期の遺跡がジャングルの中から発見されるにしたがって、この謎の文字の彫られた石碑が大量に見つかるのですが、そのあまりに独特の形状から「文字じゃなくて単なる装飾では？」「文字だとしても、原始的な絵文字に過ぎないのでは」などと言われていました。

　20世紀に入ってから徐々に解読が進み、実はしっかりとした文法を持ったれっきとした文字だということが判明。単なる装飾だと思われていた石碑から、失われしマヤ人たちの歴史が次々とよみがえっていったのです。

　このあたりの文字解説の経緯は、マイケル・コウ著『マヤ文字解読』に詳しく書かれています。知的興奮間違いなしの名著、おすすめです。

　とはいえ、本書を読んでマヤ文字の仕組みがわかった今でも「よくこんな文字が読めたな」というのが正直なところ。私の手元にはマヤ文字のリストがあるのですが、それでも先ほどの「**リーゼントが二手に分かれた、眼がキラキラしたおっさん**」の文字、

これがどの文字に当たるのかよくわかりません。というのは、このマヤ文字、書く人によって文字のタッチはもちろん、形すら融通無碍(ゆうずうむげ)に変わってくるので、素人目にはどの文字だかわからなかったりするのです。なんだそりゃ。

　それでもあれこれ見比べて、数字の4かも、となったのですが、確信は持てません。そもそも、数字の4を書くたびにこんな**おっさんと対面しなくてはならないのは嫌**です。

　このように、突っ込みどころがルルドの泉のように湧いてくる唯一無二の文字。それがマヤ文字なのです。

文字メモ

主な使用地域：古代マヤ地域（現在のメキシコ東部、グアテマラ、ベリーズなど）
使用言語：マヤ系諸語

石碑以外に、つまり文字として書かれたマヤ文字は、世界にたった4つしか残っていない。有名なのがドイツにあるいわゆる「ドレスデン写本」。石碑の文字とまた違った柔らかい印象だ。こうした写本は多数あったが、ヨーロッパ人の宣教師がすべて燃やしてしまった。なんてことするんだ。

自由にもほどがある
マヤ文字その2

　さて、前項に続いて文字界のトリックスター、かの彦〇呂が「突っ込みどころの宝石箱やー」と叫んだとか叫ばなかったとかで名高いマヤ文字を取り上げます。
　怪しい顔と謎の飾りばかりが目立つこの文字ですが、基本的には「象形文字」、つまり、なんらかの形を模して作られたと考えられています。たとえばこの文字なんてもう一目瞭然(いちもくりょうぜん)ですよね。

　はい、**どこからどう見てもジャガー**ですね。
　……。
　…………。
　……私の画力に**致命的な欠陥**があることは重々承知ですが、本当にこんな感じの文字なのです。信じてください。するどいキバとブチあたりから、ジャガーっぽさを感じ取っていただけますと幸いです。
　ちなみにこの文字は「バラム」（マヤ語でジャガー）と読みます。

では、マヤ文字はこんな感じですべて象形文字(より正確には「表語文字」)なのかというとさにあらず。音だけを表す文字もちゃんとあります。日本語の仮名と同じく、1つの文字が子音と母音を表す「音節文字」としての要素も持ち合わせています。

そして、この表語文字と音節文字が**闇鍋のように混在**しているのが、マヤ文字の最大の特長。たとえば、先ほどご紹介したこのジャガー(バラム)の文字ですが、このように書くことも可能です。

ジャガーの絵が前と微妙に違っている点は置いておいて、その横に謎の物体が現れています。ジャガーが謎の肉にかみついているように見えますが、この謎肉こそが「ＢＡ」を表す音節文字なのです。

ご丁寧にも「この文字はＢＡで始まりますよ」と宣言してくれているわけです。さらには、こんな書き方もできます。

何度も繰り返しますが、**ジャガーの絵の安定感のなさ**はスルーしていただいて、今度はジャガーの下に足のようなものが生えてきました。これは実は「ＭＡ」を表す文字。語末では母音が消滅するので「Ｍ」。あえてアルファベットで表記すれば「ＢＡ－ＢＡＬＡＭ－Ｍ」と書いているわけですね。

　ということは、音を表す文字だけで表現することも可能なわけで、たとえばこれ。

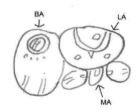

　「ＢＡ」「ＬＡ」「ＭＡ」で「ＢＡＬＡＭ」。形だけ見ると**頭が巨大すぎるカメ**のようにも見えますが、これまたジャガーを表すわけです。
　こんなふうにかなり自由な表現ができるのがマヤ文字の特長。では、どのようにこれを使い分けていたのかというと、どうやら**書記の人の好み**だったようです。「今日はバーンとジャガーに

足でも生やしとくか！　バーンと！」みたいな感じで。**自由にもほどがあるだろ**。とまぁ、ネタっぽく書きましたが、実際にはちゃんと用途があります。

　実はこのマヤ文字、同じ文字が複数のものを表すことがけっこうあるのです。その際、「この文字はこっちの意味ですよ」ということを示すため、音節文字を加えて意味を確定させることができるのです。

　お気づきの方も多いと思いますが、これは日本語の「漢字かな交じり文」と原理は一緒。たとえば「行」という文字だけでは、これが「ぎょう」なのか「ゆく」なのか「おこなう」なのかわかりません。

　そこでたとえば「ぎ行」とすることで、「あ、これは『ぎょう』と読むのだな」とわかります。

　あるいは送り仮名をつけ「行う」とすれば、「これは『ゆく』ではなく『おこなう』だな」とわかります。つまり、振り仮名や送り仮名と同じような役割を果たすのです。この文字の解読に多大な貢献をしたユーリー・クノローゾフはロシアの言語学者で、解読に日本語の知識が役立ったとも言われています。

「日本語の表記法はなんでこんなに複雑なんだ！」と嘆かれる方も多いと思いますが、マヤ文字と同じと言われると、なんだか素敵なものを使っているように思えてくるのではないでしょうか。

　ちなみにあのヒエログリフも、楔形文字(くさびがた)も、表記法の原理は近いものがあります。まぁ、**全部古代ですが**。

孤高の原始（風）文字
ティフィナグ文字

　私が長年憧れ続けた文字に「ティフィナグ文字」というものがあります。
　これは北アフリカ、サハラに住む遊牧民族であるトゥアレグ族の文字で、このトゥアレグ族、その勇敢さと孤高の暮らしで知られ、着ている服の色から「青の民族」などとも呼ばれるかっこいい人々。しかもその文字であるティフィナグ文字は、系統は不明、周辺の文字とはまったく違う独自のもので、使っているのはなぜか女性ばかりという……**妄想小説の設定に出てきそうな文字**なのです。
　そんな中二病的ロマンを感じたのかどうかは知りませんが、同じ系統の言語を使っているモロッコのベルベル人たちが、自分たちの言語を書き記すために「新ティフィナグ文字」を開発しました。
　古代は彼らもティフィナグ系の文字を使っていたのですが、その後アラビア文字に置き換えられていきました。
　民族主義の台頭もあり復活論が出てきたのですが、従来のティフィナグ文字の体系では今の自分たちの言語をうまく書き表せない。困っていたら、古い文献に今まで未発見の文字があり、「あれ、なんかこれ使えばいんじゃね？」ということで開発されたとか。古代の資料から隠された文字が見つかるって……インディ・

ジョーンズか。

　そんな言語と文字の入門書が酔狂にも日本語で発刊されたとの情報が入り、長年ロマンを感じていたことと、**俺以外に誰が買うのだろうという無用な義務感**から、どう考えても使い道がないのに買ってしまいました。定価4600円。ミシマ社の経費で落ちますかね。無理ですかそうですか。

　そして手に入れた本を開いてみると、とにかく漂う圧倒的な**原始感**。砂漠地帯で使われているならともかく、街に出て、活字となって立派な本になると、この違和感がひしひしと感じられます。

ƐƐΛoⵊ⵰l, oRR⵰l ⵏo HHol ††HoH⵰l Λ ƎH⵰HHƐƷ⵰l ⵏOoⵀoⵏ ΛƐ HⵘⵞƐo Λ ƷƐ⵰OƷHⵯ-Ϥ⵰O O⵰l toⵏOoRⵞⵘt Λ HoⵏƷ⵰⵰H ꞉ Ʒ⵰OO⵰ӾƐR oΛ-tƎHƐ ⵰⵰ⵞⵏot† ӾoO oO⵰I.

　なぜ原始っぽいのかというと、直線が多いからのような気がします。

　今のような優れた筆記具が生まれる前は、何かに曲線を引くのは難しいことでした。だから古代の文字は比較的角ばっているのに対し、時代を経るにしたがって滑らかになってくる、というのが私の仮説（偉そうだな）なのですが、古代からいきなり現代にワープしたティフィナグ文字は、まだその古代性を残しているのかもしれません。

　このモロッコ版ティフィナグ文字、徐々にではありますが浸透してきているそうです。こうしてどんどん使われていくにしたが

い、徐々に文字通り角が取れて、スマートな文字になっていくのでしょう。
　それはそれで、ちょっと残念な気もしますが。

文字メモ

主な使用地域：モロッコなど
使用言語：ベルベル語、トゥアレグ語など
ラテン・アルファベットの起源でもあるフェニキア文字から派生した由緒正しき文字。ティフィナグとはフェニキア（ポエニ）と同語源とされており、ローマとポエニ戦争で戦い滅ぼされたフェニキア人のこと。ラテン文字とティフィナグ文字が併記されているのを見ると、2000年を経ていまだに戦っているようにも思える。

第 4 章

母音をどう表すか問題

嫁なのか、闇なのか
アラビア文字

　子どものころからの憧れの文字、それがアラビア文字でした。流れるような、すらすらと美しいフォルム。そしてなにより、「これが本当に文字なのか」というエキゾチックさ。こんな文字を使いこなせたらどれだけ素敵か、と思ったものです。
　そんな美しい文字を、心ない人はよく「ミミズのような文字」と呼びますが、とんでもない。ミミズというより、**むしろモズクです**。あれ、もっと印象悪くしてますか？

　ともあれ、アラビア文字の特徴と言えば、この「くねくねとつながっている感」でしょう（左はトルコで買ったアラビア文字のお皿）。
　いわば英語の筆記体と同じなのですが、アラビア文字では公式の文章だろうとなんだろうとすべてつなげて書くのが正式。いうなれば、筆記体しかない文字というわけです。
　そして、それぞれの文字の構成要素が比較的単純なため、線を

伸ばしたり丸めたりしやすいのです。それが創作意欲を刺激して、どこからどう読めばいいんだかわからないような状況になったりするのです。

ただこのアラビア文字、使いこなすためには大きなハードルがあります。それは、アラビア文字は原則「子音しか表さない」ということ。

たとえば「やま（山）」という語の場合、ラテン・アルファベットなら「yama」と子音と母音を組み合わせるところを、「ym」（ちなみにアラビア文字なら يم ）だけで「やま」と読ませるわけです。当然、「よめ」かもしれなければ、「やみ」かもしれないわけで、これは文脈で判断するしかありません。

ですが、「嫁」を「闇」と読み違えたりしたら、**ご家庭の円満に大いに支障をきたすことになりそうです。**

これで文字として成り立つのは、アラビア語には母音が3つ（a・i・u）しかないことと、代わりに数多くの子音があるからです。

アラビア語の子音はなかなか極悪で、中には**「首を絞められたニワトリのような感じのgの音」**とか、**「お高くとまった感じのtの音」**なんてのもあります。

また、長母音、すなわち「やー」とか「まー」とかはちゃんと表記するので、たとえば「東京」などはちゃんと「トーキョー」（ طوكيو ）と表記されることになります。だから、日本語では不便だと思いますが、子音が多い言語なら思ったほどではない

ようです。

　以前、私は交通整理のアルバイトをしていて、あんまりヒマなので通り過ぎる車の名前を覚えよう、というゲームをしていました。

　そんな中、「STEPWGN」と書いてある車があり、一瞬で「ステップワゴン」だとわかりました。その際に、「あ、これってアラビア語の表記と一緒だな」と思ったものでした。**ちゃんと仕事しろよ、**という感じですが、なんだか暗号みたいで面白いじゃないですか。

　「MJSK」が、「マジすか」だったり、「GGGNKT ロー」が「ゲゲゲの鬼太郎」だったり、「ビー TLSGYTTKR　ヤーヤーヤー」が、「ビートルズがやって来る　ヤァ！ヤァ！ヤァ！」とか。

　あのエキゾチックな線を見て、この中にどんな意味が隠されているのか、なんてことを想像してみるのもまた、文字の楽しみ方の1つです。

文字メモ

主な使用地域：エジプト、サウジアラビア、イランなど
使用言語：アラビア語、ペルシャ語、ウルドゥー語など
特徴は原則子音のみで母音を表さないこと。ペルシャ語やウルドゥー語、ウイグル語などアラビア系ではない言語では、いろいろ工夫をしたり、独自の文字を作ったりして対応している。

文字は転がる
カナダ先住民文字

「ローマ字」が当たり前のように身近にある我々にはなかなか理解しにくいことではあるのですが、文字を使い始めた人たちにとって、「母音をどう表すか」ということは、長らく懸案でありました。

　念のため、「た」という音だとしたら、「t」に当たるのが子音、「a」に当たるのが母音です。

　そもそも最初は、母音を表すという発想そのものがありませんでした。たとえばエジプトのヒエログリフも、ラテン・アルファベットの元になったフェニキア文字も、子音のみを表していたのです。今でも、前項でご紹介したアラビア文字などは基本、そうです。

　つまり、「バカ」も「ボケ」も、同じく「bk」と表記されるようなものです。まぁ、**バカとボケならどっちでもいい**ですが、ほかにもっと深刻な読み間違いはいくらでもあったことでしょう。

「明日は部下（bk）を連れて行きます」を**「明日はバカ（bk）を連れて行きます」**と読み間違えたりとか。**そんなの連れてくんな**、という話です。

　そんな負の歴史を克服すべく、人類は、母音となる文字を子音

の後ろに並べる（ラテン・アルファベット）、上下左右に記号をくっつける（インド系の諸文字）、点を振る（アラビア文字、ヘブライ文字など）、といったさまざまな方法で母音を表すようになりました。

　どれが優れているかはともかく、「母音をどう表すか」のレパートリーはあらかた出そろった。誰もがそう思っていた19世紀、カナダからある文字が母音界に殴り込みをかけてきました。

　カナダにはヨーロッパからの移民が来る前から、アメリカ先住民族系の人々が住んでいますが、その多くは文字を持っていませんでした。こうした言語の1つであったクリー語やオジブウェ語に関して、布教に来た宣教師たちが新たなる文字を開発したのです。

　その名も**「カナダ先住民文字」**です。……。**ネーミングはもう少し、何とかならなかったのか？**　ともあれ、その**雑なネーミング**とは裏腹に、この文字の母音表記法は斬新です。

　たとえば、∪のような文字は「t」の音を表し、これ1つで「te」の音になります。それが、横に倒れて⊂となると、「ta」になるのです。

　⊃だと「to」に、∩だと「ti」に、つまり、**「文字をひっくり返すと別の母音が付く」**というシステムなのです。ちなみに∨は「pe」で、＜「pa」、＞「po」、∧「pi」というようになります。

たとえるなら「あ」という文字を右に90度回転させて とすると「い」に、 とすると「う」になる、みたいなものです。

「ミシマ社」なら、 ま社 となるのです。

「なぜ回転させる？」という気もしますが、どうやらある種の速記法に、このような表記法を取るものがあるようです。あと、印刷に活字を使っていた時代には、同じ活字をくるくる回転させればいいということで、節約になったのかもしれません。

ちなみにこれらの言語は母音が4つしかないため、4方向に回転させることですべての母音を表せるようです。

この文字を知って私が最初に考えたのが、「これ、サイコロにできるな」ということ。で、作ってみました。

制作時間10分の力作です。6つの面に文字が1つずつ、それぞれが4方向に向く可能性があるため、このサイコロ1つで24文字を表現することができます。試しに5回振ってみましたが、「イ」「ア」「ケ」「ポ」「ノ」とのことでした。

もっとも、案外クリー族の女子中学生なんかは、こんなお遊びをしてるかもしれません。授業中にサイコロを振って、「イアケポノ君、私のこと好きかも」みたいな。いや、人名じゃないと思いますが、イアケポノ。

　ひっくり返すと母音が変わるというこの斬新なシステム、**サイコロにする以外**あまりメリットは感じられないのですが、まぁこんなお遊びができる文字というのも、1つくらいあってもいいように思います。

文字メモ

主な使用地域：カナダ
使用言語：クリー語、オジブウェ語など

この文字が使用されるクリー語、オジブウェ語はどちらも、広義でのアルゴンキン語派に属する。アメリカおよびカナダの広範囲に広がっていた先住民の言語で、マサチューセッツやウィスコンシンといった舌を噛みそうな地名はアルゴンキン語由来という。

豚の鼻と火星人
ゲエズ文字

　先日、知り合いのイラストレーターさんがエチオピアに旅行に行くというので、「何でもいいから本を買ってきてください！」と思わずお願いしてしまいました。というのも、あるのですよ奥さん、エチオピアにいい文字が……。それが「ゲエズ文字」です。

　エチオピアは多民族国家なのですが、その中で事実上の公用語とされているアムハラ語などの表記に使われる文字で、「アムハラ文字」「エチオピア文字」などとも呼ばれます。

　どんな文字なのか。まずは買ってきてもらったその本の1ページをご覧ください。

おそらく、多くの人がまず思うのが、「**お前ら、隠れているつもりだろうが、見え見えだよ！**」ということでしょうが、この**味のありすぎるイラスト**のことは置いておいて、その下のほうにある文字をご覧ください。これがゲエズ文字です。

最大の魅力はその「不揃い」感。たとえばこの豚の鼻のような文字。

「w」を表す文字なのですが、左右の鼻の大きさや位置が微妙に違っていますよね。

このデジタルでクラウドでネオヒルズな時代に、なぜ左右の大きさがずれるんだ、と最初は印刷業者の問題かと思いましたが、この文字、実はコンピュータ上のフォントでも、

と、やっぱり忠実に差がつけられているわけで、どうやら左右非対称であることがエチオピア人のアイデンティティであるようです。お前は金子千尋の髪型か。

ところで私はなぜか、この文字を見るたびに「いもばん」という言葉を思い出します。ジャガイモを半分に切って、その断面を彫刻刀で彫ってぺたんと押す、あのいもばん。不揃いな文字がポンポンポンとスタンプのように押されている様子は、まさにそんな感じではないでしょうか。

ちなみにこの文字の仕組みは、基本となる子音字の上下左右に

「ちょい足し」をすることで母音を表すというもので、たとえば「p」を表す「T」という文字は、単独だと「パ（pä）」という音ですが、横にちょっと線が入って「下」となると「プ（pu）」に、「ヱ」だと「ピ（pi）」、「下」だと「ペ（pe）」という感じになります。

　インド系の諸文字などと同じ仕組みですが、このような仕組みの文字のことを専門用語で「アブギダ」と呼び、これはこのゲエズ文字の最初の4文字から取られています。

　この組み合わせの妙によって、味のある文字が次々に生まれるのがゲエズ文字の魅力。

　たとえば「dj」を表す「Ϙ」という文字があるのですが、連続して並べるとまるで阿波踊りのようです。

Ϙ　　♪踊るあほうに

Ϙ　　♪見るあほう

Ϙ　　♪同じあほなら

Ϙ　　♪踊らにゃ

🝆　♪損損

　以上を文字として読めば「ジャジェジャジュジョ」。あ、意外と踊ってる感あるな。

　ただ、必ずしもこの「付け加え」のルールどおりというわけでもなく、たとえばc'（「チャ」の強い音）を表す「🐾」という**火星人の足**のような文字があるのですが、これは右足を一歩前に踏み出し「🐾」となると「チョ」という音になり、左足を出すと「🐾」で「チャ」となります。これらを並べると

🐾　ニョーン

🐾　ニョーン

🐾　ニョーン

🐾　ニョーン

　と、火星人が**謎の足音**を立ててじわじわ迫ってくる感じになります。しかも時に🐾　ニュッ！　と、足が増殖することも！

夏休みの自由研究に「ゲエズ文字いもばん」を作ってみるのもオツではないでしょうか。どうせ誰も読めないから、適当に彫っても気づかれないし。

文字メモ

主な使用地域：エチオピア
使用言語：アムハラ語

エチオピアと言えばアムハラ語、という印象もあるが、実はエチオピアは多民族国家であり、アムハラ人よりオロモ人のほうが多い。アルファベットの祖であるフェニキア文字とルーツは一緒と考えられているが、その後完全に独自の発展をしたガラパゴス的な文字。

細川たかしを表記できるか？
ギリシャ文字

　仕事柄、よく永田町にある国立国会図書館に行くのですが、行くたびに西野カナみたいに震えます。というのも、入ってすぐのカウンターの上に、「Η ΑΛΗΘΕΙΑ ΕΛΕΥΘΕΡΩΣΕΙ ΥΜΑΣ」というギリシャ語が彫り込まれているからです。「真理があなたたちを自由にする」という意味で、ヨハネによる福音書にある一節だそうです。
　「おお、カッコいい！　俺も真理を追求したい！」などと思いながら、カウンターでくだらないギャグ漫画を取り寄せたりしている自分に自殺願望を刺激されたりしています。真理はそう簡単に私を自由にしてくれません。
　さて、この標語、「ヘー・アレーテイア・エレウテローセイ・ヒュマース」と読みます。ためしにギリシャ文字をまったく読めない人にインスピレーションで読んでもらったところ、「ハー・ホエイア・エアエイオエポゼイ・イマズ」と読んでくれました。
　まあ、当たらずと言えども遠からず、といったところでしょうか。Λ (l) はA、Θ (th) はOと読みがちなようですが、なんとなく読めるのが面白いところです。
　ギリシャ文字はラテン文字の基礎の1つとなったのですから、

当然と言えば当然ですが、このことは、ある意味ギリシャ文字のすごさを表しています。それは、「母音を表記することにした」という発明です。

アラビア文字について書いた際にもちょっと触れましたが、古代の文字というのは基本「子音」しか表しませんでした。

つまり、「たけし」も「たかし」も「TKS」と表記されるわけで、**「細川たかしのコンサートに行ったら細川たけしだった」**という悲劇も生まれかねないのです。

他にも、五木ひろし（ITKHRS）のコンサートに行ったら、一木ひろしだった、という悲劇すら起こりかねません。あ、一木ひろしさんは実在するものまねタレントです。

各地に劇場を建てるなど、ライブエンターテインメント好きだった**ギリシャ人が、細川たかしと細川たけしの違いを許すわけがありません。**

実際、ギリシャ語には母音が多く（といっても英語ほどではないですが）、これを区別しないのは不便だったのでしょう。ということで子音の間に母音を挟んで、「TAKASI」としたわけです。こうなると何がいいかというと、その言語のことを知らなくても文字を知っていれば読めてしまう、ということ。

日本人なら人の名前として「TKS」と書いてあれば、「ああ、まぁ"たかし"か"たけし"だろうな」と想像もできますが、日本語を知らない人は、「テケス」とか「タクシー」とか、あり得ない発音をしてしまう可能性もあるのです。

母音が入っていれば、（意味はわからなくても）そのまま読め

ばまぁ、近い音になる。それこそがギリシャ文字の偉大なる「発見」です。この発見があったからこそ、我々は古代ギリシャやローマの人名を比較的正確に発音することができるわけです。

そうでなければ、**プラトンのことを「パルたん」**と**いうアニメキャラ**のような名前で呼んでいたかもしれません。

ちなみに私が一番好きなギリシャ文字はこの Ξ（クサイ）です。まず、**名前で笑いが取れる**稀有（けう）な文字ということと、「ks」という2つの音を表すという意外性、そして漢数字の三みたいなフォルムが刺激的。ぜひ皆さんも、「このチーズ、ちょっとΞ（クサイ）よ！」なんて使ってみてください。

文字メモ

主な使用地域：ギリシャ
使用言語：ギリシャ語

ギリシャ文字の特徴の1つとして「理系の用語に使われがち」ということがある。長らく学問上で重要な役割を果たした言語ならではだが、学生時代に数学が苦手で「Σ（シグマ）」とか「π（パイ）」とかに苦手意識がある人は、ギリシャ語に対して拒否反応があるかもしれない。完全なとばっちりだが。ギリシャ人は数学が得意なのか、いつか聞いてみたい。

怪音波を発しがち
突厥文字

　本項で取り上げるのはオルホン文字、これは別名「突厥文字」といいます。形が鋭角で、槍を持って突進しているような形から名づけられました。

　これ⬇はずばり、槍を表す文字ですし、これ⧫は盾の横から槍を突き出す文字、そして、これ〰は謎の**怪音波**を発して敵を混乱させる様子を描いた文字です。すいません、すべて嘘です。それは突厥文字でなく**突撃文字**ですね。

　突厥というのは、実はトルコのこと。5世紀ごろから、トルコ人たちが中央アジアで使っていた文字です。トルコ人というのはもともと現在の中央アジアに住んでいて、それがいろいろあってペルシャ、アラブを経て今のトルコ共和国の場所まで移動し、さらに勢い余って**日本にケバブを売りに来ている**わけです。まさに元遊牧民、半端ない移動距離です。

　さて、このトルコ語ですが、1つ面白い特徴があります。それは「母音調和」。トルコ語には8つの母音があるのですが、それぞれ「前舌」「後舌」のグループに分かれており、同じ単語の中に別のグループの母音は決して入らない、という仕組みになって

いるのです。

　正確には「e・i・ö・ü」の4つの「前舌母音」と「a・ı・o・u」の4つの「後舌母音」に分かれています。たとえばトルコ語ではaとeは別グループなので、「アベ」などという単語は存在し得ません。トルコではきっと**「安倍首相とかありえない」**ということになっているでしょう。お前はＳＥＡＬＤｓか（現実的には、外来語に関してはそう厳密でもないらしいです）。

　この縛（しば）りは相当、トルコ人にとって大事だったようです。なんとこの突厥文字は、世界で唯一（たぶん）、この母音調和を反映した文字だからです。突厥文字は母音を書き表さず、基本、子音のみを表記するのですが、この2つのグループのどちらの母音が来るかで、文字そのものが変わるというシステムを使っているのです。

　たとえば、突厥文字でｂを表す文字は2つあります。そのうち✗が前舌母音を、Ｊが後舌母音を表します。つまり、baのときはＪを使い、beのときは✗を使う、ということです。

　うん、ややこしいですね。しかも、こんな感じでｔやらｓやらｇやら多くの子音を表す文字が2つずつあるのですが、しかもそれぞれがどう見ても関連していないのです。

　たとえばこれ✗はｇの後舌母音ですが、前舌母音だとＦとなり、同じｇなのに1ミリも関連性が見出せません。

あえて無理やり関連を探るとすると、**電波塔から発せられた謎の怪音波によって人々がぐったりしている**、というイメージでしょうか。なんだか怪音波を発する文字が多いな、突厥文字。

さて、こんな面倒で素敵な突厥文字ですが、トルコ人が中央アジアから中東に進出するにしたがって忘れられ、現在のトルコではラテン・アルファベットを使っているというのは周知のとおり。「トルコ語の魂＝母音調和」にここまでこだわった文字として、復活させようという動きとかがあったら面白いのですが。

文字メモ

主な使用地域：中央アジア
使用言語：古テュルク語

なんとなく形がヨーロッパの「ルーン文字」に似ているということで、「テュルク・ルーン文字」などと呼ばれることもあるこの文字。どちらも元をたどればフェニキア文字まで行きつくので、兄弟といえなくもない。ちなみに本文では「トルコ」と書いたが、広義のトルコ系民族のことを「テュルク」と呼ぶので、本当はこっちのほうが正しい。

第 5 章

そんなルール、ありですか…?

ダイイングメッセージ
オガム文字

　多くの健全な青少年が一度は憧れるシチュエーションとして、「無人島に女の子と2人きりで漂着する」というものがあると思います。2人で苦労して食物を探したり火をおこしたりして、**やがて恋心が生まれ**、というあれですね。
　ただ、私はあまり健全な青少年ではなかったため、まず、「ペンも紙もない中で、字はどうやって書けばいいのだろう」などと思ってしまうわけです。
　参考になるのが、かのロビンソン・クルーソー（というより、そのモデルとなったセルカークという人物）がやったという「木に線を刻み付ける」という方法。彼は漂着してからの日数を記録するため、木にナイフで線を入れていったそうです。
　細かい文字となると大変ですが、単なる直線なら、ナイフや鋭い石などで簡単に刻み込めます。これを改良すれば、数字だけでなく音も表せそうです。うん、もし無人島に漂着したら、この方法で日々の記録を刻み付ければいい。ん、食糧？　女の子？　何のことですか？
　ただ実は、まさにそんな文字がすでに1500年以上前に開発されていたのでした。それが「オガム文字」。まずは百聞は一見に如かずということで、見てください。

　これが文字なのか、という感じですが、斜めの棒が「m」、5本並んだ横棒が「i」、4本並んで右に突き出ているのが「s」、棒が1本だと「a」など、これで「ミシマ」と読みます。
　他の文字もおおむねこんな感じで、1本の縦の棒に対して横棒が書き加えられることで、その文字の読み方が決まります。
　本当に木に刻み込まれたような、「ロビンソン・クルーソー文字」とでも言いたくなるフォルムです。
　このオガム文字は古代のアイルランド語（ゲール語）などを表記するのに使われた文字で、4世紀ごろから使われ始めたようです。主な用途はその土地の所有権を示すためだったようで、木や石にこの文字で人の名前が刻まれました。
　だからこそ直線的なフォルムになったと思われますが、やっていることはまぁ、**犬のマーキング**と一緒ですね。
　この文字ですが、実はもう1つ特徴があります。それは、「下から上への縦書き」であること。……はい、**「下から上」**です。
　私も最初、目を疑ったのですが、英語の「オガム文字入門」みたいなマニアックなサイトにも、ちゃんと、From bottom to topとありました。どん底から頂点へ……そう訳すとかっこいいですが、冷静に考えれば「どうしてこうなった」という話です。
　下から上へ棒を引いていくって、**お前は夏休みに田舎のおじいちゃんの家に遊びに行って背が伸びたことを自慢する育ちざかりの子どもか。**

まぁ考えてみれば、垂直に立っている木や石に線を刻み込むにあたっては、上から下だろうが下から上だろうがそれほど影響はなく、意外と本人たちは不便に思っていなかったかもしれません。
　もっともこの文字は6世紀くらいになると徐々にラテン・アルファベットに置き換えられ、今では呪術などの象徴的な用途にしか使われることはありません。世にも珍しいフォルムと表記方法を持つ文字だけに、残念でなりません。
　そんな「オガム文字」の使い道を、1つ思いつきました。それは「ダイイングメッセージ」。推理ドラマなどで、死ぬ前に被害者が血文字などで犯人の名前を残す、あれですね。
　形が単純なので**死の間際にも書きやすい**ですし、オガム文字を知っている犯人などいるわけもないので、ばれる心配もありません。「オガム文字を知っている刑事もいないだろ」という突っ込みは、この際無視します。

　問題は、見てのとおりけっこうスペースを使う文字だということ。たとえば「r」を表したかったら、横棒を斜めに5本も引かねばなりません。万一「りりこ」さんが犯人だと、左のようになり、**書いているうちに力尽きる**危険性があります。
　ただ、それもミステリーの味付けの1つ。「犯人の名前は、『も』『ひ』『ひ』『け』……くそ、ここで途切れている。**もひひけって誰だ！**」みたいに、謎が謎を呼ぶ展開が期待できます。
　オガム文字が読める探偵・その名も『男鹿武蔵

の事件簿』。どなたか書いてくれないでしょうか。

文字メモ

主な使用地域：古代アイルランドなど
使用言語：古代〜中世のゲール系言語

下から上なんてなんて魔術的な、と思うかもしれないが、実際には、特に手書きの際は横書きされることも多かったという。むしろ世界には本当に下から上が正式な文字もあり、それがフィリピンのミンドロ島に現在も残る「ハヌノオ文字」。この文字は竹に書かれることが多かったそうで、細いところに書こうとすると「下からでもいいや」となりがちなのかも。

そこを取るんだ!?
ターナ文字

　本項で取り上げるのは**ディヴェヒ語のターナ文字**です。……**「どこの誰だ?」**という話ですよね。

　ディヴェヒ語は、最近ではリゾートでも有名なインド洋の島国、モルディブの言語で、公用語でもあります。言語的にはインド系（インド・ヨーロッパ語族）ですが、アラブの影響を受けているのが特徴。モルディブ人自身も、イスラム教徒が多いです。

　モルディブとは、インドの古典語であるサンスクリットで「島々の花輪」という意味。その名のとおり美しい島々に、インドとアラブの混淆したユニークな文化を持つ人々が住んでいます。まさに、インドとアラブの「いいとこどり」。それがモルディブなのです。

　一般に文明の交差点と呼ばれる場所では、優れた文化が生まれるといいます。そしてモルディブでは、文字すらも両文明の「いいとこどり」をしようと考えました。どうしたかというと、アラビア数字の1〜9と、インド数字の1〜9を、それぞれ適当な音に当てはめたのです。

　え、そこ取ったんだ？　そこでいいの!?
　ちなみに、「アラビア数字」は今の日本で言うアラビア数字とちょっと違って、

١ ٢ ٣ ٤ ٥ ٦ ٧ ٨ ٩

というように書かれます。で、「ターナ文字」は、これらアラビア文字の1〜9を元に、

という感じの文字を作りました。なるほど似ています。

読み方はたとえば「1」を表す「　」が「h」、「2」（　）が「sh」など、適当に音が割り振られています（何か意味があるのかもしれませんが）。

そして、アラビア語の1〜9が終わると、

と、今度はインド数字（アラビア数字と似ていますがまたちょっと違う）を元にした文字が始まります。つまり、1を「あ」、2を「い」とか割り振って、「164543663」で、「ありがとう」とか表記するようなものですね。**暗号か。**

察するに、文明の交差点だけに、インド人、アラブ人両方に、「いやー、どっちの文字も素晴らしいですなぁ」などとおべっかを使っているうちに、双方から「じゃあ、うちの文字、使うよね？」と迫られて、仕方なくこうしたのではないでしょうか。

でも、そこであえて「数字」を使うことで暗号化し、アラブ人、インド人どちらも読めない文字が誕生した。これで思うまま、ア

ラブ人やインド人の悪口が書ける……。

　文明の十字路ゆえの悲哀と、モルディブ人の反骨精神から生まれた文字。勝手な推測ですが、そう考えるとなかなかに味わい深い文字です。

文字メモ

主な使用地域：モルディブ
使用言語：ディヴェヒ語

ターナ文字で母音を表す際には、文字の上下に記号をつけることで表現する。たとえば、「ﺩﺭﻭ」は「ディヴェヒ」（モルディブのこと）と読み、下についた線が「i」を、真ん中の文字の上の「く」みたいな記号が「e」を表す。これはアラビア文字の母音表記システムと似ている。ただ、アラビア文字では正式な文章にはつけないが、ターナ文字はこれがついた形が正式。

省略はきちんと示そう
タイ文字その2

　第1章（p19参照）でも取り上げましたが、ここであらためてタイ文字の話をしたいと思います。
　文字のかわいらしさとは裏腹に、けっこうマニアックな仕組みがいろいろとあるのです。マニアックというか、「どうしてこうなった!?」という感じで、まぁひと言でいえば「覚えにくい」のです。**悪意が感じられるほどに。**
　たとえば、1つの文字を表すのに複数の文字があったりします。
　第1章で、「丸が多すぎるのではないか」と問題提起した（大きなお世話ですが）ถ と ฐ の文字は、同じ「th」の音を表し、息を強く吐きながら発音する「タ」という音を表します。どちらを使うかは、単語ごとに決められていて、覚えるしかありません。「田村」さんと「多村」さんみたいなものでしょう。間違えると怒られます。
　また、英語の「thought」のghのように、読まない文字（黙字）がけっこうあります。
　タイはインドの影響を強く受けているのですが、インドの言語とタイ語は系統がまったく違います。インド由来の単語に関して、発音はタイ語っぽく変化したのに、綴りはもとのまま、というこ

とで音と表記が乖離することが多いようです。

　中には、

この「黙示符号」という、「この文字は読まなくていいよ」ということを示す記号さえあります。「書いたけど読まなくていいことを示すための文字を書く」というのは、**人類が到達した無駄の極致**だと思わなくもありません。

　さらに、子音が「高中低」の3つのグループに分かれています。

　タイ語は俗にいう「声調言語」で、中国語をやったことがある方ならおわかりかと思いますが、同じ「マ」という音でも、高いトーンか低いトーンか、あるいは途中で上がるか下がるかなどによって意味が変わってきます。

　タイ語には5つの声調があり、「高子音とこの記号が合わさったらこの声調」みたいな独特のルールがあるのです。しかも、「高子音だから高い」かと思いきや、高中低という名前と実際の高さはまったく関連性がないという凶悪さです。

　そんなタイ文字ですが、1つだけ「これは便利だ」という文字があります。それが ๆ で、パイヤーンノーイ（省略記号）と言います。これは、長い単語を途中で省略することを表す文字。

　たとえば、タイの首都バンコクの正式名称は「クルンテープマハーナコーン・アモーンラッタナコーシン……サッカタッティヤ

ウィサヌカムプラスィット」と、やたらと長いことで有名ですが、タイ人は普通「クルンテープ」と略して呼んでいます（バンコクのバの字も出てこない）。

　で、この「クルンテープ」を表す語は、

กรุงเทพฯ

なのですが、しっかりと最後に出てきていることがわかります。つまり、日本語で書けば「クルンテープ（略）」みたいなものです。変なところで律儀(りちぎ)です、タイ人。

　我々日本人もいろいろと言葉を略しがちです。たとえば「チャゲ＆飛鳥」を「チャゲアス」と呼んだり、「ゲスの極(きわ)み乙女。」を「ゲス乙女」と言ったり。でも、考えてみたらこれって失礼に当たりますよね。

　今後は、このタイ語の文字を借用して、「チャゲ ฯ アス ฯ 」とか、「ゲス ฯ 乙女」と書くようにするのはどうでしょう。

　なんだか急に「 ฯ 」が意味深に思えてくるのは、なぜでしょうか。

笑う牛
ブストロフェドン

「ブストロフェドン」(ビストロフェドン)という言葉をご存じでしょうか。いえ、**あの解散したグループが料理を作る番組**ではございません。この本に出てくるくらいですから当然、文字関係の用語。具体的には「文字の読み方」に関するルールです。

文字の読み方には大きく分けて、「左から右に向かって読む→」「右から左に向かって読む←」「上から下に向かって読む↓」という3つがあります。

左から右というのはいわゆるラテン・アルファベットの読み順で、逆の右から左というのはアラビア文字などがそうです。上から下というのは、日本語がそうですね。あと、モンゴル文字もそうです。

広い世界にはオガム文字(p84参照)という**「下から上に読む」という最強のひねくれ者**がおりますが、このような少数を除けばほとんどすべての文字がこの3つのどれかに当たるわけです。

ただ、古代ギリシャでは、一種独特の文字の読まれ方がなされていました。それがこの「ブストロフェドン」で、ギリシャ語で「牛が耕すような」という意味になります。日本語では「牛耕式」と訳されます。

と言っても、牛が焼肉を前にして**「モォーたまらん」「おいしさギュウギュウ」「ウッシッシ」**などと言っている、**焼肉屋の看板**で見かけるあの読み方ではありません。そもそもあれは**共食い**で、動物虐待以外の何物でもありません。
「牛耕」というのは、重い農具をつけた牛を日がな一日歩き回らせ、畑を耕す農作業のことを指します。**うん、これも立派な動物虐待ですね。**

牛の牛権問題はとりあえず置いておくとして、牛は畑の隅まで耕したら、今度は向きを変えてまた戻ってこなくてはなりません。

つまり、文字もこのように読むということで、具体的には

あるグループが解散するという騒ぎになった
にとこるす散解りぱっやてっ戻度一、局結が

というように、1行目は左から右に読み、1行目を読み終わったらそこで牛が華麗なターンを決め、今度は右から左に読むわけです。応用技として、こんなものもできます。

牛が焼肉を食べてい
護愛物動て見を絵る
協。
会た
がし
激怒

1行目は左から右、2行目は右から左に、そして今度は上から下に読み、最後に下から上に戻っていくというわけです。推理小説のトリックに使えそうな読み方でもあります。
　現代人は文字を一字一句読むというより、語の単位で1つの固まった要素として読みます。それに対して文字にまだ慣れていない人は、文字を「音」に翻訳し、その後に意味を解釈します。
　我々は「ＳＭＡＰ」と書いてあれば瞬時に、「ああ、あの解散したグループだな」とイメージが湧いてきますが、古代の人は「ス・マ・ッ・プ……、ああ、途中で1人バイクレーサーになると言って辞めたグループだな」と、一度音に直してから意味を認識したことでしょう。
　そういう意味では、この牛耕式という読み方が効率的だったのかもしれません。
　事実、古代ギリシャだけでなく、いくつかの古代文字でこの読み方が確認されています。なお、本項に出てきた例文に関しては、特に他意がないことを付け加えておきます。

文字メモ

主な使用地域：古代クレタ島、古代ギリシャ本土
使用言語：古代ギリシャ語

古代ギリシャの文字として有名なのが「線文字b」。なんとも色気のない名前だが、文字の名前がわかっていないから仕方がない。長らく謎の文字だったが、イギリス人のヴェントリスによって、「古代ギリシャ語を表した音節文字」だということが解明された。ちなみに線文字aはどこだ、という話だが、実際にある。ただし未解読。

赤面するほどに流麗な
ジャワ文字

　たまに英語の言語系の文章を読んでいると、「Javanese」という語が出てきてびくっとすることがあります。「ジャパニーズ」ならぬ「ジャヴァニーズ」で、インドネシアのジャワ人およびジャワ語のこと。たった1文字しか違わないわけです。

　これほど似ているといろいろ問題が起きそうです。たとえば、**「日本カレー」を頼んだのに「ジャワカレー」が出てく**るとか。……あ、別にどっちでもいいか。

　さて、それはともかくジャワ語はインドネシアのジャワ島で使われている言葉で、使用人口7000万人を超える大言語です。

　インドネシアの公用語はインドネシア語なのですが、これはこの地域の共通語として作られたもので、母語として使っている人口は圧倒的にジャワ語が多数。インドネシア語とジャワ語は系統が同じなので似てはいますが、言語としては別物です。

　インドネシア語はラテン・アルファベットを表記に使います。ジャワ語も今ではこのラテン・アルファベット表記が一般的なのですが、ちゃんと固有の文字が存在します。それがジャワ文字。

　インド系文字の流れをくむ文字ですが、特筆すべきはその流麗さ。こんな感じです。

流麗なのもそのはず。もともとこの文字は「カヴィ文字＝詩人の文字」と呼ばれ、まさに華やかなジャワ宮廷文化を象徴するような文字。この文字で数々の文学が生み出されたのです。

　そんなジャワ文字の特徴をひと言で言うと、**山あり谷あり感がすごい**といったところでしょうか。たとえば「h」（正確には「ha」）を表す文字が という感じで、山が3つ、谷が2つ、1つの文字の中にあります。どんな険しい山岳地帯だ。「k」を表すこの文字となると、 さらに地形が複雑化しており、真ん中の山のふもとに洞窟らしきものも見えます。

　ジャワ語は「敬語」がとても発達した言語であることが知られています。「世界でもっとも敬語が複雑なのはジャワ語か日本語だ」と言われているほど。ただ、ジャワ語のほうが一枚上と言わざるを得ないでしょう。なにしろ、それが文字にまで反映されているのですから。

　すべての文字ではないのですが、ジャワ文字では、偉い人の名前などを書く際に特有の文字があります。たとえば は「n」を表す文字ですが、もし「n」で始まる偉い人の名前を表記する場合には、 という文字が使われます。

　全体に、**地形をより険峻化する**ことが、敬意の表現のようでもあります。長嶋茂雄氏に敬意を表して**「那蛾死魔」**と書

くようなものでしょうか。違うか。

　さらに、文字の装飾要素もすごいことになっています。その最たるものが、「タイトルを書く際に前後に入れる文字」です。たとえば本のタイトルとか記事の見出しとかに使われるのですが、こちらです。

꧁ ꦩꦠꦲꦫꦶ ꧂

　この**ヒガンバナか線香花火か**といった文字こそが、タイトルを表す文字。こんな文字があったら、もう下手なタイトルなんてつけられません。私の本職はビジネス書やビジネス雑誌の編集者なのですが、普段こんなタイトルばかりつけています。

꧁ 仕事を辞めたくなった時に読む本 ꧂

꧁ バカ上司との付き合い方 ꧂

　……。なんというか、「こんなチャチなタイトルつけてすいません」と、**ジャワ文字に土下座**したくなりました。

　オランダの支配下に入ってしまったことで、19世紀以降はあまり使われなくなってしまったジャワ文字ですが、今でもたまに、ジャワ島の街で見かけることはあります。むやみなまでに流麗なこの文字、できればぜひ、復活してほしいところです。

文字メモ

主な使用地域：インドネシア・ジャワ島
使用言語：ジャワ語

インド系の文字なので、「子音だけだとアをつけて読む」「母音を表す記号が上下左右につく」などのルールは同じ。ただし、もともとのインド系文字では単なる線だったものが、グイッと曲がった流麗なる線になっている。ちなみに「ジャウィ文字」というのもあり、これはジャワ語を書くために改良されたアラビア文字のこと。紛らわしい。

第 6 章

何かに似ている

視力検査
ミャンマー文字

　最近、「ミャンマー」がちょっとしたブームです。人口が多く、国民は温厚で知的レベルが高く、天然資源も豊富。さらに、あまり外国資本が入り込んでいないので、無限のビジネスチャンスが眠っている。まさに、アジアのフロンティア、それがミャンマー。
　この本では**そんなビジネスチャンスに全力で背を向け**、ミャンマー文字を取り上げたいと思います。え、なにか？
　この文字、一部好事家（いるのか？）の間では、**「視力検査文字」**と呼ばれています。理由は、視力検査に出てくるあのランドルト環がすべてそろっているから。

左が空いているのが、数字の「1」（ティッと読む）

上が空いているのが、「p」「パ」

右が空いている、すなわち英語のCと同じなのが「ng」「ンガ」

下が空いているのが「g」「ガ」

という具合です。

　こうなると、なんてことのない視力検査表が、ミャンマー人には何か別の意味に読めてしまう、なんてこともあるかもしれません。

　しかもそれが、殺人事件の犯人を指し示す、とか……。「p・ng・1」「パ・ンガ・1」……「パンが1」……「パンが1つ……そうか、犯人はあのパン屋!?」みたいな。ひょっとしたら視力検査トリック、ミャンマーのミステリー文学では定番かもしれません。**まぁ、「パンが」とか言ってる時点で日本語**ですが。

　さらに、このランドルト環が連なっているような文字も多いです。サンプルを見ていただければおわかりのとおり、こうなるともう、延々と視力検査をしているようなもの。まさに視力検査地獄です。

ပြည်ထောင်စု သမ္မတ မြန်မာနိုင်ငံတော်

　「右、左……うう、もう限界です」「まだまだ、ほら次はこれだ！」「し、下……」しかも、中には「〇」という文字もある始末。「ど、どこも開いてない!?　ど、どう答えれば……」「ふっふっふ、さあ、どうする？」

　そんな小芝居はともかく、ミャンマー文字の特徴は、単に視力検査だけではありません。

　面白いもので、押せばコロコロと転がっていってしまいそうなこの文字に、ときどきごつい「箱」が現れるのです。それ

が、文字をぐるっと囲むように現れるいくつかの文字。たとえば、などです。

コロコロとかわいいミャンマー文字。押せばどこまでも転がっていきそうですが、この箱っぽい文字があることで、転がっていくのを防止しているようにも見えます。

10年くらい前、私もミャンマーに行ったことがあります。軍事独裁政権でありながら、なんとものんびりした空気が流れているという、不思議な国でした。

コロコロした文字と、それを受け止める四角い箱。その不思議なバランスが、独裁とのんびりさが共存するミャンマーのイメージと、ちょっと重なります。

経済の発展はミャンマーにとっていいことでしょうが、あの不思議でゆるやかな時間が失われてしまうとしたら、少しだけ残念です。

文字メモ

主な使用地域：ミャンマー
使用言語：ミャンマー語

ミャンマー語はいわゆる「声調言語」であり、同じ音でも高低により意味が変わってくる。ミャンマー文字はその声調をしっかりと表すことができるが、その声調を示す文字がまた丸かったりして、全体の丸々しさをさらに増している。ちなみにシンハラ文字と同じく、丸くなった要因は「ヤシの葉に書かれていたから」らしい。

リーゼントブルース
シリア文字

　世界史を専攻した人は、「アッシリア語」や「アラム語」といった言語のことをなんとなく、かすかに覚えているかもしれません。どちらも古代中東で使われていた言語で、特にアラム語は「イエス・キリストが使っていた言葉」として、一部好事家の間ではそれなりに知られた言葉です。

　完全に古代のものと思われがちなこれらの言語ですが、実はまだ、シリアやレバノンあたりにひそやかに残っていると知ったとき、かなり驚きました。

　「お前はシーラカンスか！」 と思わず突っ込みを入れてしまいましたが、別に私が知らなかっただけでずっとその地に存在していたわけですから、なんとも失礼な話ではあります。

　さらに、それだけでなく、彼らが「シリア文字」を今でも使っている、と聞いて、非常に興奮したものです。シリア文字とは紀元後から1000年くらいにわたってこの地域周辺で広く使われた文字で、こんな形をしています。

　これで、「アッシリア語」を表すそうです。なんとも古代っぽ

い文字で、「お前はやっぱりシーラカンスか！」と突っ込みたくなる素敵なフォルムです。

　この文字、右から左に書かれ、母音を基本的には表記しないというシステムで、現在残っている言語で言えば、アラビア語と同じです。それもそのはず、実はアラビア語とルーツは一緒で、た

とえば「シリア語」を表す ܠܫܢܐ ܣܘܪܝܝܐ などを見れば、真ん中のうにゅーんと伸ばすあたりに**アラビア文字の色気**を感じてもらえるのではないかと思います。

　この文字、全体的に低い場所でうねうねしているような感じなのですが、たまにしゅっと上に向けてパンチを繰り出すような文字が現れるので、油断ができません。

　たとえば、「ܠ（l）」とか、「ܐ（a）」とか、「ܬ（t）」

といった文字です。特に「ܐ」の文字の、右上に伸び上がっていくあたりなど、**ツッパリ兄さんのリーゼント**のようにも見えます。

　そのせいか、たとえば先ほどの ܣܘܪܝܝܐ ܟܬܒܐ といった文字列を見るたびに、**背が低いツッパリが「なんじゃワレェ？」と下から睨み付けている**ような印象を受けます。

　日本人の目からは変わったフォルムが多い文字に見えますが、

アラビア文字などを知っていると、「ああ、あの字と似ているな」というのがけっこう見えてきたりします。

　そうでなくても、たとえば、　　　という文字があり、「g」と読むのですが、これはおそらくギリシャ文字のガンマ「γ」とルーツが同じで、向きが微妙に変わっただけだと思われます。

　このように、よくよく見てみると似たような文字が出てくる、というのは、古代文字を読む醍醐味。見かけたら、ぜひ注意してみてください。

　まぁ、まず見かけないかと思いますし、見かけるとしたら、いまだ混乱が続くシリアでしょうから、**古代文字を愛でている場合ではありません。**

　ともあれ、早くシリアに平和が戻り、文字に気軽に接することができるようになる日が来ることを願います。

文字メモ

主な使用地域：シリア、インドの一部
使用言語：シリア語、アラム語
語の一番最初、語中、語末で文字の形が違ったりするところ、原則として子音しか書かないところなどもアラビア文字と同じ。ちなみにインド南部のケーララ州・マラバール海岸沿いに住むキリスト教聖トーマス教会の教徒は今でも、このシリア文字を使っているという。というわけで、シリアに行かなくても見れます。

雨水をムダなく溜める
アルメニア文字

　コーカサス地方にある「アルメニア」という国のことを初めて意識したのは、エルサレムに行った際のことでした。城壁に囲まれたエルサレムの旧市街は、「ユダヤ教地区」「イスラム教地区」「キリスト教地区」、そして「アルメニア地区」に分けられています。旧市街はまるで中世のままの雰囲気で、迷路のように入り組んでいます。道に迷ってさまよっていると、突然、見知らぬ文字が並ぶ一角に。そこがアルメニア人街だったわけです。

　なぜこんなところにアルメニア人が、と少し不思議に思いましたが、考えてみればアルメニア人は古い歴史を持つ民族で、かつキリスト教徒。しかも直線距離では意外とエルサレムに近いのです。ということで、キリスト教の聖地であるエルサレムには、ずっと以前から多くのアルメニア人が住んでいたようです。

　彼らの使う「アルメニア文字」は、5世紀にキリスト教の宣教師である「メシロプ・マシュトツ」という人がギリシャ文字を基に作ったと言われています。こんな感じです。

Հայերենի այբուբեն

　たぶん、多くの人がまず思うことは、「**読めそうで読めな**

いのでイライラする」ということではないでしょうか。全体にフォントもラテン文字に似ており、文字の形も同じようなものが多いのに、よく見ると読めない。

ｎやｐなどは「間違い探しか？」というレベルですし、

ｕとかｇとかɯとかղとか、もう思いっきり形が同じ文字すらあります。なのに、読み方は全然違います。

ｕが「s」、ｇが「ts」、ɯが「a」、ղが「v」なので、「gun」と書いて「ツスヴ」と読む始末。

かと思ったら、ｈはそのままhと読むというような**巧妙なハニートラップ**を仕掛けてきたりするので、気が休まりません。まぁ、読み方さえ覚えればルールはラテン文字などと同じなので、比較的読みやすい文字とは言えます。

そしてもう1つ、「**なんかuっぽい文字が多すぎる**」と思いませんでしたでしょうか。

そのものずばり「ｕ」という文字もありますし、他も「ｈ」「կ」「ʊ」「ɰ」「ɯ」などいろいろ。そう、これがアルメニア文字の特徴の1つ。出現頻度の高い「a」を表す文字が「ɯ」ということもあり、**全体的に「u」感が強い**のです。

たとえるなら、ワープロを打っている途中で睡魔に襲われ、**キーボードの「u」に突っ伏したまま意識を失った**ような感じです。キュート（cute）と書こうとして
cuuuuuuuuuuuuuuuuuuuuuuuuuuuuuuuuute
とか打ってしまうという、あれですね。
お前はGReeeeNか。
ではなぜ、マシュトツさんはこんなフォルムの文字を作ったのか。
私は**「雨水を溜めたかったから」**という説を提唱したいと思います。

「u」や「w」といった文字は、上から降ってくる水をいかにも効率的に受け止められそうじゃないですか。さらに、そういう視点で見てみると、「hu」や「tu」といった文字は、路上に置いておいて雨水を溜め、そこから市民が自由に水を汲んでいく**「フリー雨水スタンド」**に見えますし、「u」はきっと、**フックを窓に引っ掛けて雨水を溜める装置**でしょう。
　文字にはその国の文化が反映される——そのことをあらためて、アルメニア文字は教えてくれます。まぁ、アルメニアという国は別に砂漠の国ということもなく、むしろ水資源は豊富らしいですが。あれ？

文字メモ

主な使用地域：
アルメニア、イスラエルやトルコなどのアルメニア人コミュニティ
使用言語：アルメニア語

イスラエルにかぎらず、アルメニア人は全世界に居住している。アルメニア本国で使われているのは東アルメニア語、それ以外で使われているのが西アルメニア語と呼ばれ、文字にも多少の違いがある。

UFO キャッチャー
グルムキー文字

　インド人というと、いまだに**「ターバンを巻いてサーベルを振り回し、名前はシン」**というイメージをもつ人も多いはずですが、これはどう考えてもかつて一世を風靡した悪役プロレスラー、タイガー・ジェット・シンの影響以外の何物でもないと思われます。

　今の若い人は知らないと思いますが、ある世代以上の人にはそれはそれは有名な人物で、学生のころの私の持ちネタ、「始皇帝が作った、中国初の統一王朝の名は？」**「タイガー・ジェット・秦」**というギャグが同級生にどっかんどっかん受けていた時代があったほど。

　でも実際にインドに行くと、地域にもよりますがターバンを巻いている人はごく少数で、**サーベルを振り回している人にいたっては極めて稀**です。

　実はターバンを巻いている人の多くはインド人の中でもシーク教徒の人がほとんど。シーク教は、インド北西部・パンジャーブ地方で、16世紀にグル・ナーナクによって創始された宗教で、髪や髭を剃ることを禁じられており、それをまとめるためにもターバンを被るそうです。ちなみにグルとは指導者の意です。

　ヒンドゥーでも、イスラムでもない新宗教だったシーク教だけ

に、さまざまなモダンな改革が行われました。その1つが文字改革。

　当時のパンジャーブ地方ではランダー文字という文字が使われていましたが、2代目グルのアンガドが、「うちらの使ってる文字、読みにくくね？」ということで、既存の文字を改良して作られた文字なのです。

　基本はインド系の文字ですが、誰にでもわかりやすくということで、幾何学的に簡略化されているのが特徴。こんな感じです。

ਗੁਰਮੁਖੀ ਲਿਪੀ ਜਾਂ ਪੈਂਤੀ ਅੱਖਰੀ ਇੱਕ ਲਿਪੀ ਹੈ ਜਿਸ ਵਿੱਚ ਪੰਜਾਬੀ ਭਾਸ਼ਾ ਲਿਖੀ ਜਾਂਦੀ ਹੈ।

ਸ਼ਬਦ "ਗੁਰਮੁਖੀ" ਦਾ ਸ਼ਾਬਦਿਕ ਅਰਥ ਹੈ ਗੁਰੂਆਂ ਦੇ ਮੂੰਹੋਂ ਨਿੱਕਲੀ ਹੋਈ। ਇਸ ਲਿਪੀ ਵਿੱਚ

10 ਸੂਰ /ਅ,ਆ,ਇ,ਈ,ਉ,ਊ,ਏ,ਐ,ਓ,ਔ/ ਤਿੰਨ ਸੂਰ-ਵਾਹਕ (ੳ,ਅ,ੲ) ਅਤੇ 29 ਵਿਅੰਜਨ

ਹਨ।/

　はい、ほとんどの人には**他のインド系文字と区別がつかない**かと思います。でもそんなことを言ったら、グルに怒られます。

　「**グル、それほど読みやすくないすよ**」「**なんだとコラ、ムキー！**」**だからグルムキー文字**、だったらなかなかアバンギャルドなのですが、そうではなく、グルの口（ムキー）が、由来です。

　さて、一見他のインド系文字と区別がつかないグルムキー文字の見分け方をお教えしましょう。キーワードは**「宇宙」**です。

たとえばこの文字を見てください。

そう、UFOキャッチャー以外の何物にも見えません。ちなみに「n」を表します。

この文字（1）は改良型のUFOキャッチャーと思われます。支える部分がしっかりしているので、**巨大なリラッ○マ**でもなんなく持ち上げそうです。まぁ、**「UFOキャッチャーは宇宙じゃないだろ」**というもっともなご指摘があるかと思いますが、この文字を見てください。

これはどう見ても、**「UFOキャッチャーから怪光線が発せられている」**、いや、もはや**キャトルミューティレーション**以外の何物でもありません。ご存じない方のために念のため説明すると、キャトルミューティレーションとは、UFOが怪光線を発して、牛などを釣り上げていくという、超常現象特番でよく見るあれです。

この文字の下に、かつてヒエログリフの「牛」を表す文字から

作られたギリシャ文字のアルファを並べると、

α

　今まさに、牛をめがけてＵＦＯから怪光線が発射されているようにしか見えません。ともあれ、500年も前に作られたのに宇宙を感じられるこの文字、文字は洗練されればされるほど、**宇宙に近づく**ということかもしれません。

文字メモ

主な使用地域：インド・パンジャーブ州
使用言語：パンジャーブ語
「パンジャーブ」という地域は実はインドとパキスタンにまたがっており、民族的にも言語的にもほぼ一緒だが、パキスタンではアラビア文字を使い、インドではこのグルムキー文字を使う。ちなみにパキスタンの「Ｐ」はパンジャーブのＰだ。

蚊取り線香を吊るそう
ソヨンボ文字

　第1章で、「ワォ、なんて四角いの！」と欧米セレブの間で話題沸騰のパスパ文字の話をいたしました（p22参照）。ちなみにこの文字はあの「ハングル」のモデルになったという説もありますが、その四角さゆえか、モンゴルではすぐに使われなくなってしまいました。
　そんな**文字不在の荒ぶる時代**を変えるべく世紀末（17世紀のですが）に現れた救世主……それこそが「ソヨンボ文字」なのです。もっとも音の響き的には、救世主というよりケンシロウに倒されるザコキャラの叫びのようです。
「ひでぶっ！」「あべしっ！」「ソヨンボッ！」
　この文字を開発したのは、モンゴル人の僧侶であり学者のボグド・ザナバザル。主に、サンスクリットやチベット仏教経典からの翻訳の用途に使われました。
　従来のモンゴル文字ともパスパ文字とも違い、この文字は仏教の総本山であるインドはデーヴァナーガリー文字を元に作られており、字形も明らかにそれを模しています。
　それでも、あのパスパ文字の影響は確実にモンゴルに残っていたのでは、と感じます。この文字もまた何より「四角い」からです。

ཧྲན་ མམྱཱུ་ བཅབཅྲ་

　どうでしょう。どんな文字にもほぼ、Lを逆にしたようなカコミがついており、それがなんとなくあのパスパ文字を感じさせませんでしょうか。ちなみに後半の4文字で「ザナバザル」と読みます。
　さて、どちらかというと平べったく、それがさらなる四角感を出してしまっていたパスパ文字に対して、逆L字のソヨンボ文字は比較的スマートです。
　ただ一方で、この逆L字があるからこそ、全体的に**「なんか電灯に吊るされている感」**が出てしまっているのです。
　たとえば、

- 吊るされるランプ（taを表す文字）
- 吊るされるハンガー（ya）
- 吊るされる蚊取り線香（nya）

　さらに、この文字となると、夜の電灯に群がる虫たちにしか見えません。

あ、虫が増えました。

ブーン！
蚊取り線香で撃退だ！

うわっ、逃げろ！

ヒューン。

　さて、**小芝居**はこのくらいにして、ソヨンボとはサンスクリットで「自ら生み出した聖なる文字」という意味だそうです。
　自分でデコった木刀を**「わが生みし聖なる剣」**とか言っちゃう中学生みたいな肥大した自我を感じますが、この文字を生み出したザナバザルさんいわく、「ある日空に突然この文字が現れた！」とのこと。ザナバザルさん、**本当に中二病だった可能性**があります。
　え？　……あ、いえ、違います。スーパーファミコンと同時に発売されたにもかかわらず、スーパーファミコンのせっかくの機能をまったく活かすことのない単なるパズルゲームで、**「なぜ**

あえて今出した」と世間を困惑させたソフトの名前は「ザナバザル」ではなく「ボンバザル」です。
　それはともかく、結局はモンゴル国旗にも採用されたこの文字。ザナバザルさんの心もおおいに満たされたのではないでしょうか。

文字メモ

主な使用地域：モンゴル
使用言語：モンゴル語

そんな紆余曲折を経たが、結局モンゴル人はウイグル文字を改良した文字をモンゴル文字として使用することを選んだ。この文字は縦書きのかっこいい文字だが、モンゴル政府はソ連の影響もあり、この文字に変わってキリル文字の採用を決定。現在でもキリル文字が中心ではあるが、モンゴル文字復興の動きもあるという。

第 7 章

文字で遊べ！

カンバンが読めません
ルーン文字

　文字の本なのに、いきなりゲームの話をします。
　小学生のころの夢が「**ゲームの中に入ってお姫様を助けたい**」というほどのゲーム好き（2次元好き？）だった私は、以後30年近くにわたり、天文学的な時間をゲームに費やしてきました。その時間を別のことに当てていれば、たぶん**オリンピックにも出れた**と思います。
　さすがに最近はゲームをすることも減っていますが、たまに最新のゲームをしていると、「なんて親切なんだろう」と思います。マニュアルを見なくても、ゲームの中で懇切丁寧に操作法を教えてくれる。ちょっとミスをしてもすぐリカバリーできる。ストレスがないよう、サクサク進むようゲームバランスが調整されている。まさに至れり尽くせり。**お前は星野リゾートか。**
　昔のゲームはとにかくシビアでした。開始5秒でゲームオーバーになったり、マニュアルがないと最初の一歩すら踏み出せなかったりなんて日常茶飯事。なかでも印象深いのが、『ウルティマⅤ』というパソコンゲームです。
　俗にいうロールプレイングゲーム（RPG）というもので、間違いなく傑作なのですが、その操作方法が鬼のように複雑なのです。
　キーボードに割り振られた何種類ものコマンドを覚えないと、

ドアも開けられなければ階段も下りられない。人との会話は、こちらが聞きたいことをキーボードでいちいち打ち込まないと話してくれません。「はなす」で**ペラペラ情報を垂れ流すドラクエの通行人**とはわけが違うのです、わけが。

そして、その不親切の極みが、**「ゲーム内のカンバンがルーン文字で書かれている」**ということ。

ルーン文字とは、古代北欧のゲルマン系民族を中心に使われていた文字で、明らかにギリシャ文字やラテン文字の影響を受けつつも、独自の直線的なフォルムをしています。森林の多い北欧では、木に文字を彫りつける際に直線のほうが書きやすかったから、などと言われています。

キリスト教導入以前から使われており、キリスト教が広まるにつれラテン文字に取って代わられ、廃(すた)れていきました。そのことで逆に、古代の魔術的なイメージを持つ文字として、現在でも占いなどにしばしば用いられています。

構造はとても簡単で、ほぼ１対１でアルファベットに対応します。たとえば、「四面楚歌(しめんそか)」なら、

ᛋᛁᛗᛖᚾᛋᛟᚲᚨ

S I M E N S O K A

となります。ᛋ(s)やᛗ(m)などは、かなりラテン文字に近い形をしていることもわかります。まぁ、近けりゃ読めるっ

てもんでもありませんが。

　『ウルティマⅤ』にはルーン文字とアルファベットの対応表が付いてくるので、それがあればなんとか解読できますが、そこで出てくるのは英語の文章。

　つまり、「ルーン文字」→「英語」→「日本語」と**２段階にわたって翻訳しないとカンバンすら読めない**というのが、このゲームなのです。

　とはいえさすがに開発者も「どうせ読まないだろ」と思ったのか、ゲーム内のカンバンにはたいしたことが書いてありませんでした。たとえば、

ᚦᛁᛋ　ᛁᛋ　ᚨ　ᛋᛁᚷᚾ

→ This is a sign.

→これはカンバンです。

……。

知っとるわ。

　でも、この翻訳作業が私にはとても面白く、時間を忘れて読み込んだものです。「読めないものが読めるようになる楽しさ」を、このルーン文字から教えてもらいました。

　今でも、タロットカードなどによく書かれているルーン文字。さらっと読んで占い師を驚かせるのも一興かと思います。

文字メモ

主な使用地域：古代の中欧や北欧
使用言語：ゲルマン諸語

ルーン文字はドイツやイギリスでは早くに廃れてしまったが、北欧では14世紀ごろまで使われていたという。ゲルマン民族ならでは、と思わせるのは、北欧諸語にも英語にもある子音「th」を「þ」の1文字で表せること。そして、基本はラテン文字を使っているアイスランド語において、この文字がしれっと使われている。ルーン文字は現代にも生きているのだ。

振り向けばそこに牛
ヒエログリフ

「1番好きな古代文字は何ですか？」と、渋谷のスクランブル交差点で10代の女性を中心にアンケートを取ったとしたら、おそらく1位に輝くのは**「1つも知らない」**だとは思いますが、話が進まないのでむりやりにでも聞き出したら、おそらく「ヒエログリフ」ではないかと思います。

　ヒエログリフとは古代エジプトで使われていた象形文字で、遺跡の壁にカラフルに描かれているのを、実物あるいは映像でご覧になったことのある人も多いはずです。漢字よりもずっと絵心があるので、知らない人でもなんとなく、その意味がわかるほど。

　とはいえ、古代エジプトがローマに征服され、その後はギリシャ語、そしてアラビア語が流入するにつれ、この文字の読み方は完全に忘れ去られてしまいました。そして、あまりに**ビジュアル系すぎるそのフォルム**のため、「これは文字ではなく、単なるイラストなのではないか？」とすら思われていた時代もあるほど。ビジュアル系バンドが「どうせあいつらほんとは歌とか下手なんだろ」と思われるのと同じです。違うか。

　ともあれ、当の古代エジプト人たちもさすがにビジュアル系すぎると思っていたらしく、普段はこの文字をもっと崩した形であるヒエラティックという書体を使っており、王家の墓とか本気を

出すときにこの文字を使っていたようです。

のちにさらに崩したデモティックという書体が生まれました。漢字でいうところの、楷書と行書と草書のようなものといえばいいでしょうか。

大英博物館のロゼッタストーン。
上からヒエログラフ、デモティック、
ギリシャ文字

そんなわけで、当時のエジプト人すらあまり目にしなかったこのヒエログリフ、我々が日常で目にすることは、当たり前ですがほとんどありません。

せいぜい某番組で**スーパーひとしくんの背後にぼんやりと映り込んでいる**か、古代エジプト展のポスターに、**吉村作治氏の笑顔**と並べて書かれているか、くらいでしょうか。

ですが、実はこのヒエログリフ、日常のそこかしこにあふれているのです。たとえば、アルファベットのAという文字があり

ます。実はこれ、牛を表すヒエログリフが元の形です。試しにA
を180度ひっくり返してみてください。2本の角が現れて、あら
不思議、牛が現れるという寸法です。

　牛じゃなくて鹿では、というクレームは受け付けません。
　ほかにも「O」はヒエログリフの目を表す文字を、「E」は喜ん
で手を上げている人を表す文字がもとになっています。

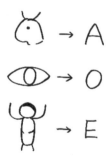

　そんなふうに考えると、たとえば電車内の広告のアルファベッ
トがすべて意味を持ち出し、心は一気に時を超え、古代エジプト
へワープします。私は毎朝、こうして現実逃避することで、**つ
らい会社勤めをなんとか乗り切っています。**
　ほかにも、Dが魚だったりHが庭だったり、いろいろと想像
の羽が広がります。
　銀行の「BANK」という文字を見かけたら、それぞれ、家、牛、

蛇、手のひら、を表す文字なので、「ああ、家の中にある財産（牛）を、蛇のような狡猾な手段で手中に収めるんだろうな」などと想像するのも楽しいものです。銀行業界からクレームがつきそうですが。

　では、なぜ雄牛を表すヒエログリフが、はるか時空を超えて「A」という文字として使われているのか。エジプトのすぐそばのシナイ半島にいたある民族がヒエログリフを見て、「お、オラの国に持って帰るべ」と文字を持って帰ったのはいいのですが、複雑な表記体系はまったく無視して、その文字の示す音だけを拾って当てはめたからです。彼らの言葉で牛は「あ」から始まる音だったようで、そのために牛の字は「A」を表すことになったのです。

　上記の話は「諸説あり」で完全に証明されているわけではないのですが、ともあれ、我々の日常には牛やら家やら古代エジプトの叡智があふれており、「古代文字など知らん」という渋谷の10代の女性も知らず知らずのうちに使っているかもしれないと考えるのは、なかなか愉快なものです。

文字メモ

主な使用地域：古代エジプト
使用言語：古代エジプト語
古代エジプト語は死語であり、ヒエログリフは基本的に子音しか表さないため、その正確な読み方はわからない。仕方がないので便宜上eの音を当てている。古代エジプト語でエジプトのことをkmtといい、ケメトと呼んでいるが、本当はキミトやカマタかもしれない。蒲田？

思いのままにピックアップ
チェロキー文字

「はじめに」でも触れましたが、中学生のころ「自分文字」というものを開発したことがあります。

　今ではさっぱり読めなくなってしまったこの文字ですが、唯一覚えているのは、「あ」を表す文字が「す」を左右反転させた形だったこと。つまり、「ꙅ」。

　なぜかと言われても困りますが、一から自分で文字を作るより、ある文字を適当に借用してしまえ、という省エネ発想だったのかと思います。

　この省エネを地で行った文字があります。アメリカ先住民の1つであるチェロキー族の使う「チェロキー文字」です。

　この文字を作り出したのは、チェロキー族のシクウォイア（Sequoyah）という人物で、19世紀初頭のことです。

　当時のチェロキー族は文字を持たず、彼もまた文字はまったく読めなかったのですが、白人たちが文字というものを使って記録を取っているのを見て、「お、これは使えそうだ」と思い立ちました。

　ただ、英語も話せない彼は、とりあえず白人たちが使っているアルファベットの教本を手に入れ、**そこに載っている文字を、自分たちの言葉の音に適当に当てはめていくとい**

う離れ業をやってのけました。

　しかもラテン文字だけでなく、ギリシャ文字やキリル文字まで総動員。その結果、「どことなく見たことがあるけど、さっぱり読めない」という**フラストレーションがたまる文字**が誕生したわけです。

　たとえば、「R」はどう見てもアールですが、こいつは「e」と読みます。同様に、「D」は「a」、「W」は「la」、「A」は「go」などとなっております。

　さらに、ギリシャ文字の「Θ」は「na」、キリル文字の「Г」は「hu」、さらに数字まで動員してしまい、「4」は「se」と読む文字に早変わりするなど、まさに**文字の万国びっくり大博覧会**の様相を呈しているのです。

　ちなみに1つの文字が1音節を表すという、かなと同じ仕組み（音節文字）です。例文を挙げると、こんな感じです。

ᏏᏤᎠᎣ ᎣᎾᎾᏫ ᎭᏍᏬᏗ ᏣᎥ ᎢᏴᏞᏍᏗ, ᎠᏓᎦᎣᎠᏙᎠ ᎠᏍ

　ぱっと見、ラテン文字っぽいのに、まったく読めないというもどかしさを感じていただけますでしょうか？

　これだけいろいろな文字を流用すれば、1つくらい偶然読みが

同じになりそうなものですが、**すがすがしいまでに違っています。**知っててわざとずらしているんじゃないか、とすら思います。

とまぁ、正直文字の開発方法自体は、私の「自分文字」と同レベルです。ただ、シクウォイアのすごさは、その文字を普及させたこと。

これは他の多くの文字を持たない人々の間でも同様ですが、文字は「魔術的」なものとして敬遠されがちでした。このチェロキー文字も最初はなかなか受け入れられず、最初に学んでくれたのは彼の6歳の娘だったそうです。

その後もあちこちに出向いては文字の有用性を説き、辛抱強く文字を普及していきました。彼が願っていたのは、白人たちの施策により居住地が離れ離れになってしまったチェロキー族を再び一致団結させること。たしかに文字があれば、遠くの人たちが意思疎通することも簡単なわけです。

面白いなぁと思ったのが、彼らチェロキー族は文字のことを「トーキング・リーフ」と呼んでいた、ということ。「モノを言う葉っぱ」、つまり「言葉」。彼がこの文字を普及させたおかげで、チェロキー文字の新聞が発刊されたりと、言葉を載せる葉っぱとしておおいに機能しているわけです。

ちなみに「シクウォイア」を表す文字は、ꮢꮩꮃꮄꮹとなり、心なしかカッコいい文字が並んでいるような気がします。ランダムにピックアップするにしても、やっぱり自分の名前を表

す文字は、ちょっとカッコいいのを選んだんじゃないかなぁ、などと邪推しています。

文字メモ

主な使用地域：アメリカ
使用言語：チェロキー語

1つの文字が1音節、すなわち母音と子音を一緒に表す文字を「シラバリー」といい、実は意外と少ない。現在使われているのはかなの他はこのチェロキー文字といくつか。なんだか勝手に親しみが湧く。シラバリーはアルファベットより文字の種類が多くなるので、かつて古代文字の解読者たちは、文字の種類の数からその文字のタイプの検討をつけたという。

偽古代文字を作ろう
ハイリア文字

「文字を作りたい」という**ゆがんだ情熱**を持つ人は、古くから数多くいたようです。『指輪物語』のトールキンはキアス文字というエルフが使った文字を創作しましたし、『スター・トレック』にもクリンゴン語という言語とクリンゴン文字という文字が出てきます。『魔法少女まどか☆マギカ』に出てくる「魔女文字」などは芸術的にも優れていて、**あの文字が出てくるシーンを見てDVD購入を決断した**くらいです。

さて、これら多くの創作文字に共通するのは「ちょっと古めの、ミステリアスなイメージ」を出そうとしていることです。

その点で、私が最大の傑作だと思っている文字があります。それがゲーム『ゼルダの伝説　風のタクト』に出てくる「ハイリア文字」です。

とりあえず、ご覧ください。素朴で、かつ謎めいた雰囲気の文字です。

© 2002 Nintendo

ちなみにこの5文字ですが、「アイウエオ」と読みます。……はい、ご想像のとおりです。新しい文字といっても別に複雑な体

系を作ったわけではなく、カタカナを単にそれっぽくしただけなのです。

© 2002 Nintendo

　他の文字も、ご覧のとおり。その気になればちゃんと読めるくらいの難易度で、絶妙に古代文字化してあります。ちなみに濁点は以下のように、上部の2本の線で表記されます。

© 2002 Nintendo

　まぁ手抜きと言えばこれ以上の手抜きもないですが、カタカナをこれほど見事に古代文字っぽくした例を、私はほかに知りません。

『ゼルダの伝説』は言わずと知れた名作ゲーム。主人公「リンク」が、**ことあるごとにさらわれるヒロイン・ゼルダ姫を助け**るために旅に出るというアクションRPGです。

　この『風のタクト』もそのシリーズの1作で、ヨットを操（あやつ）ってあちこちの島を訪ねるのですが、その島々の看板がこのハイリア文字で書かれているのです。このギミックがゲームの良い味付けになっており、しかも、ちょっとコツを覚えればすぐ読めるようになります。

　そういう意味で、**「普通の人は読めないルーン文字でカンバンを表記する」**という先述の『**ウルティマⅤ**』の**とち狂いっぷり**とは大きく異なります。さすが任天堂。

　さて、この文字から、「偽古代文字を作るために必要な要素」を抜き出してみましょう。

・くさびっぽくすると、古代文字らしくなる
・点を打つと、古代文字っぽくなる
・曲線を使わないと、古代文字っぽくなる

　以上を考えると、古代文字のイメージというのは古代メソポタミアの「楔形文字」に多くを負っていることがわかります。鋭角的なもので削って文字を刻みつける、というのが、古代文字っぽくするポイントですね。そういえば『天空の城ラピュタ』に出てくるラピュタの文字も、楔形文字でした。

　以上を踏まえて、「三島」を古代文字化してみました（制作時間1分）。

古代文字というより、**初めて漢字を書いた幼稚園児の字**にしか思えませんが、ともあれ、「古代文字っぽい字を書きたい」という酔狂(すいきょう)なニーズをお持ちの方は、ぜひ参考にしていただければと思います。

第 8 章

オリンピックとか、国旗とか

滑る文字
グルジア文字

　グルジアのことを、「ジョージア」と呼ぶようになってからだいぶ経ちました。最初は**「缶コーヒーか！」**と思っていたものですが、最近はだいぶ慣れてきました。
　ジョージア大使館の人の地道な働きかけもあったでしょうし、ジョージア出身の力士・栃ノ心の優勝も、ジョージアの名前を知らしめるのに一役買ったことと思います。
　にもかかわらず、このジョージアの言語がいまだになんとなく「グルジア語」と呼ばれているのはなぜなのか。そしてやはり、この国の文字も「グルジア文字」と呼ばれています。大使館の人、ちょっと詰めが甘かったのかもしれません。
　そんな、かすかにしょんぼり感が漂うこの文字ですが、実際にはけっこうかっこいいのです。

　たとえば、「ジョージア」は、საქართველო と書きます。どうですか、なかなかかっこいいでしょう。
　ちなみに「サカルトヴェロ」と読みます。これがグルジア語での正式な国名ではあるのですが、**ジョージアのジョの字もグルジアのグの字も出てきません。**
　上向きの丸い曲線が多いせいか、全体にリズミカルに、なんと

いうか踊っているような感じです。ギリシャ文字から派生したとされており、仕組みはラテン文字と同じ。親しみやすくもエキゾチックな文字なのです。

　若いころ、このグルジア文字をどうしても習得したくて、4000円もする入門書を購入したことがあります。

　ところが、この本がちょっと斜め上を行っており、**「グルジア語は古代シュメール語の末裔である」ということが延々と書かれている**のです。

　会話例などはほぼ皆無。しかも、グルジア文字の例として地下鉄の駅名の看板の写真が載っているのですが、この**写真が上下逆さま**に掲載されている始末。

　斜め上を行く著者に対し、**編集者もやる気が出なかったんだろうなぁ**と同情もしましたが、なんにせよ高い買い物でした。

　ちなみについ先日、韓国で平昌オリンピックが終わったばかりですが、その前のオリンピックはロシアのソチで行われました。ソチとジョージアは目と鼻の先ほどの位置関係なのですが、実はこのソチという場所、かつてはジョージアに属しており、「ソチ」という地名もコーカサス系の言語に由来するそうです。

　ちなみに「ソチ」は、 სოჭი と書きます。

　ある意味、ジョージアでオリンピックが行われたといえるわけです（そうか？）。ということでオリンピックを記念して、勝手にグルジア文字でオリンピックを表現します。

作品1
スピードスケート（「ｐｈ」の文字）

ყ = =

作品2　三回転半ジャンプ（「ｅｉ」の文字）

((ჭ))

作品3　ボブスレー（「ｌ」の文字）

= = ლ

　似ているかどうかはともかく、こうした試みができるというグラフィカルな文字が、グルジア文字なのです。
　大相撲でジョージア人力士が活躍したり、自動販売機でエ○ラルドマウンテンを買ったりした際に、ぜひこの素敵な文字のことも思い出してやってください。

文字メモ

主な使用地域：ジョージア
使用言語：グルジア語
根拠は知らないが、一説によるとグルジア語は「世界一難しい言語」なのだそうだ。文法が非常に複雑なうえ（能格、というものがある）、子音が非常に多く、それが3つも4つも（ときには8つも！）連続する。

幻の文字を探せ！
ロシア文字

　2018年のサッカー・ワールドカップはロシアで開かれます。学生時代、不人気極まりなかったロシア語を専攻していた人間としては、こんな日がついに来たのかと感無量。まぁ、あんまり時間が経ちすぎて、ロシア語をほぼ忘れているという罠に陥っています。あと20年早くやってほしかった……。

　さてこのロシア文字、一見ラテン文字に似ているのに微妙に違う、ということで、**人をイラッとさせることで有名**です。

　ヨーロッパ人もそうだったらしく、たとえばアガサ・クリスティの名作『オリエント急行殺人事件』では、「H」というイニシャルの入ったハンカチが、実はロシア文字の「N」だった、というオチが出てきて、**名探偵ポワロがヒゲをかきむしりながら怒り狂います**（嘘。でも別の理由で怒り狂いはします）。

　でも逆に言えば、似ている文字が多いので読みやすい、とも言えます。そもそも形も読みもまったく同じ文字も多いですし、さらに最近は女子高生が絵文字代わりに使ったりするため、「Rの反対（ Я 、ヤと読む）」「Nの反対（ И 、イと読む）」など、文字自体は「ああ、見たことある」というものが多いと思います。

　代表的なロシア文字を読めるようになるだけで、ロシア・ワー

ルドカップは1.25倍くらいは楽しめるはずです。ということで、**本項ではワールドカップの映像にはまず出てこないであろうロシア文字**を厳選して紹介したいと思います。え、何か？

　まずはこれ「Ь」（小文字は「ь」）。ミャフキー・ズナークと呼びます。日本語では「軟音記号」。文字というより、子音の後につく記号なのですが、この文字をつけたら、その子音を発音するときに舌を盛り上げて口をちょっと横に広げる（柔らかくする）というルールとなっております。ちょうど、母音の「i」を発音する際の口の形をして、でも「i」そのものは発音しない、という感じです。

　……という説明ではわからないと思うので、わかりやすくたとえるなら、「犯人は京本政樹だ」と告発しようとして、**「犯人はき」と言いかけたところで京本政樹にナイフで刺されたら**、まぁ近い音になるかと思います。

　正直レアな文字ですが、目を皿のようにして探せば、ひょっとすると1つくらい見つかるかもしれません。ウォーリーをさがせ的な気分でぜひ、探してみてください。

　そして、ウォーリーどころかツチノコ並みのレアキャラ、それがこれ「Ъ」（「ъ」）。

　トヴョルディー・ズナークと呼びます。先ほどの反対で「硬音記号」。子音の後にこの記号がつくと、「その子音は軟音でなく、つまり普通に発音していいよ」という意味になります。

普通に発音していいなら別につけなくていいじゃん、という疑問は**当のロシア人自身がもっとも強く抱いていたらしく、**ロシア革命後に行われた綴り字改革により基本、表記しないことになりました。というわけで、今は1冊の本に1カ所使われているかいないかくらいにレアな文字に成り果てているのです。

　ただ、実はこの文字には日本人にとって非常に有益な役割があります。たとえばアルファベットで「健一」と書こうとすると、普通は「kenichi」(ケニチ)となってしまいます。無理やり「ken'ichi」とすることもありますが、いかにも不自然です。それに対してこのロシア文字を使って「**Кэнъити**」と書けば、ちゃんと「ケン」「イチ」と区切って読むことができるわけです。

　つまり、健一さんとか真一さんとかいう名前の選手がいれば、この文字を見れる可能性が一気に高まるわけなのです。

　そういう視点でワールドカップ候補の選手を見てみると……「杉本健勇」という選手がいました。この人の名前をラテン・アルファベットで書くとKenyu Sugimotoとなり、「ケニュー・スギモト」と、ハニュー君みたいに読まれてしまいそうです。フィギュアの王子か。

　でも、ロシア文字で書く場合、「Ken」と「yu」の間に例の記号を入れることで、「ケンユー」ときちんと読むことができるのです。

　ちなみにこう書きます**Кэнъю**。この幻の文字を

見るためにも、ぜひ杉本選手には日本代表に選ばれてほしいところです。

文字メモ

主な使用地域：ロシア、旧ソ連圏諸国、ブルガリアなど
使用言語：ロシア語、ウクライナ語、ブルガリア語など
ロシア文字はキリル文字とも呼ばれるが、キリル文字はブルガリアやウクライナなど多くの国で使われており、そのうちロシアで使われるキリル文字をロシア文字と呼ぶ。キリル（キュリロス）とメトディオスの兄弟が作ったグラゴール文字を改良して作られたので「キリル文字」。だが、実際に見てみるとグラゴール文字とキリル文字はけっこう違う。

ゴマ粒ほどの違い
キリル文字（ウクライナ語）

　エロシェンコという、20世紀初頭に活躍した盲目の作家がいます。……あ、いえ、違います。**本項のテーマはなつかしの佐○河内氏ではありません。**そもそもあれは耳……は聞こえてたんでしたね、あの方。

　それはともかく、このエロシェンコ氏、日本に生まれたら確実にいじめられそうな名前ですが、幸いウクライナ人（当時はロシア帝国領）でした。病気によって幼いころに失明し、一時は荒れた生活を送っていましたが、当時、世界共通言語として流行していたエスペラント語を学ぶなどして徐々に更生。

　そのうち、「盲人が按摩の仕事などをしてきちんと自立している素晴らしい国がある」ということを聞き、憧れるように。実は、その国こそが日本でした。

　「いや君、その名前だとちょっと……」という知人の制止（推定）も聞かず、1914年に日本を訪れます。まぁ、名前のことでからかうような小学生レベルの人はいなかったようで、日本で多くの知識人たちと交流し、有名になりました。ロシア語を教えたり、新宿の中村屋にロシア料理のボルシチを教えたのも彼だという説もあるそうです。

　前置きが長くなりましたが、言いたいのは「当時、ウクライナ

もロシアもあまり区別されていなかった」ということであり、実際、ウクライナ語とロシア語はとても似ており、文字も同じキリル文字を使っているのです。東京弁と関西弁の違いくらい、いや、おすぎとピーコの違いくらいのものです。

　にもかかわらず、実は文章を見れば違いは一目瞭然。それは、ロシア語では使わない「і」（あるいはї）という文字がウクライナ語では多用されており、そのためパッと見ただけで「あ、これはウクライナ語だ」とわかるのです。

　たとえば「ウクライナ」という語は、ロシア語では、

Украинаなのですが、ウクライナ語ではこの「и」

のところが「ї」になり、Україна となります。

　また、「フィリピン」なら、Філіппіни（ウクライナ語）、Филиппины（ロシア語）です。

　ロシアっぽい文字にゴマ粒が振ってあればウクライナ語、と覚えておくと便利です。

　とまぁ、**どう考えても実用的でない**はずのこの文字知識ですが、最近、ちょっとだけ役立つようになっています。それは、ウクライナが親欧派と親ロシア派に分かれて対立しており、プラカードを持ったウクライナ人たちの姿がしばしばテレビに映し出されているから。親ロ派の人の多くはロシア語を使います。つま

り、この「ゴマ粒」があるかどうかで、その人が親欧派か親ロシア派かがわかってしまうわけです。
　たった「i」と「и」だけの違いで、これだけの対立になってしまうのはなんとも残念なこと。ちなみにウクライナ語、ロシア語ともにこの「イ」という語の意味は「〜と」という意味。ウクライナとロシアの関係が元通りになることを祈るばかりです。

文字じゃないよ、○○だよ
ハングル

　ハングルは日本国内でもっともよく見かける外国の文字の1つだと思います。韓国料理店などではもちろん、最近では駅名標など各種案内板にもハングルが併記されることが増えています。

　一見、とっつきにくいですが、少し学んでみるとハングルが極めて論理的かつ構造的な文字であることに気づきます。いやもう論理的というか、マッキ○ゼーに文字を作ってほしいと依頼したらこんなんが出てきそうです。**莫大なコンサルティングフィーと華麗なプレゼン**とともに……。

　基本は子音字と母音字の組み合わせで1つの音を表し、最後に子音が付くときは下に配置されます。

　たとえば 한 は、「ハン」と読み、左上の鍋のふたと丸みたいなのが「h」の音、その横の「ト」みたいなのが「a」、下にある**押しつぶされた「し」**みたいなのが「n」で、「han」です。

　1つ1つの文字がかっちりと並んでいきます。漢字の「へん」と「つくり」に似てますね。

　しかもそれぞれの子音は発声器官の形を模しているというのだからすごい。

　たとえばmの音は唇にて調音する（音を作る）わけですが、

ハングルのmに当たる ㅁ は、まさに口を表しているのがよくわかります。

nは ㄴ で、確かに発音する際の舌の形を思わせるし、kは ㄱ で、口の奥で調音する感じをうまく表しています。

なんて論理的かつ現代的！

すごい頭のいい人が作ったに違いありません。たぶんメガネもかけてます。眼鏡先輩です。

ただ、堅苦しすぎて記号っぽいという印象を持つ人もいるかもしれません。それもそのはず、この文字はあくまで記号なのです。

ハングルが作られたのは15世紀。名君と呼ばれる李氏朝鮮第4代国王の世宗(せそう)の発案です。ただ当時、中国の影響が日本と比べても圧倒的に強かった朝鮮。唯一無二の存在である漢字以外の文字を作ることへの反発が強かったようです。

ある臣下は、「独自の文字を作っているのはモンゴルと西夏(せいか)、女真(じょしん)、チベットと日本くらいなもので、みな野蛮人ばかりですよ」と言って諫(いさ)めたとか。この時代から**サラッとディスられる日本**。それにしても文字を作ったら野蛮、という発想はなかなか新鮮です。

それに対する世宗の反論が振るっています。

「いや、これは文字じゃなくて、民衆に文字を教えるための記号だよ」

ということで名前も「訓民正音」、つまり「民衆に正しい文字を教える記号」となったとさ。
　正直、かなり苦しい言い訳のような気がしますが、そんな世宗の柔軟な発想が、今に至るハングル文化を花開かせているわけです。
　文字を作ろうという人を馬鹿にしちゃいけないということですね。

文字メモ

主な使用地域：韓国、北朝鮮
使用言語：韓国語・朝鮮語
NHKの語学講座にハングル講座があるが、ハングルはあくまで文字の名前なので、本来はおかしい。日本語講座をかな講座とするようなものだ。ただ、ならば韓国語講座なのか、朝鮮語講座なのかともめるので、苦渋の選択なのだろう。

世界はもっと文字を使うべき
国旗

　文字好きの性(さが)として、世界の国旗を見ているとどうしても気になるのが「文字入りの国旗」です。
「そんなのあったっけ？」と思う人も多いと思います。というのも、その多くが**「これなら、いっそ入れなくていいんじゃね？」**みたいにひそやかに入っているからです。
　たとえばハイチ。

　下のリボンっぽいところにフランス語で「団結は力なり」と書いてあります。一見、ただの模様にしか見えません。あるいはエジプト。

　真ん中のワシの足元にアラビア語で国名が書かれています。これも、ワシが止まっている岩の模様に見えます。また、エルサルバドルのように、**2段構えのワナ**を仕掛けているところもあります。

　真ん中にあるのは一見、ただの紋章ですが、よく見ると周りを文字が取り囲んでおり、「中央アメリカ・エルサルバドル共和国」と書いてあります。ただ、それだけでなく、真ん中下あたりにあ

るリボンの部分にはスペイン語で「神、団結、自由」と書いてあるという細かさ。**読めるか。**

「自分の国の国旗を書いてみよう！」と授業で言われた小学生が、スペースに文字が入りきらずに苦悩するさまが目に浮かびます。(そういう意味では)日本に生まれてよかった。

ちなみに、世界約200カ国中で国旗に文字が書かれているのは16(自社調べ)。そのうちアラビア文字が6、ラテン文字が10ですが、ラテン文字はラテン語、スペイン語、フランス語などいろいろな言語で使われているので、純粋に言語で言えば、アラビア語／アラビア文字の6個が最大となります。アラビア文字はデザイン映えするということでしょう。

たとえばイランの国旗にもアラビア文字が入っているのですが、さて、どれでしょう。

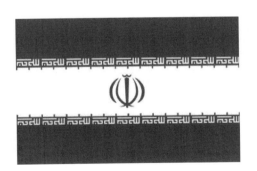

気を付けてください。真ん中のマークはブラフです。実はその周りの**ラーメンのどんぶりのような模様**がアラビア文字で、

「アッラーは偉大なり（アッラーフ・アクバル）」と書いてあります。なんともおしゃれです。

　それにしても、文字が使われている国旗、意外と少ない印象です。もっとあってもいいと思いますし、いっそ直江兼続の「愛」とか、石田三成の「大一大万大吉」のように、文字を思い切って使ってもいいのではないでしょうか。ということで、勝手に提案したいと思います。

　たとえば、漢字を生み出した中国。こんなのはどうでしょう。新しい中国国旗案。

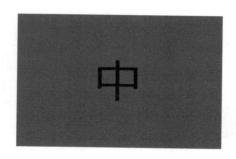

うん、**これはラーメンマンですね。**

　……ともあれ、文字というのは実用品であると同時に装飾品でもあります。今後ぜひ、アラビア文字やラテン文字以外が入った国旗が現れてくると、ファンとしてはうれしいかぎりです。

第 9 章

身のまわりの文字たちの起源

文字兄弟
タミル文字

　日本語はどこから来たのかという「日本語系統論」は、多くの人が若いころに一度ははまるテーマです。私も高校時代をこれでつぶし、おかげでスポーツも恋愛も友情も、まったく無縁の青春を送る羽目になりました。いや、それが原因だということにしておいてください、**後生ですから。**

　学生時代、「日本語はウラル・アルタイ語族に属している」ということを習った人もいると思います。ただ、この説は現在ではほぼ否定されていて、というか、そもそも「ウラル・アルタイ語族なんてものはない」という話になっています。ドラスティックにもほどがあります。

　一方で、「ぽたぽた」とか「てくてく」とか音を繰り返す特徴など、南方系の言語との共通点が多く指摘されていますが、だからといってどこか特定の言語とのつながりが実証されているわけでもありません。

　今ではなんとなく、「南方系の言語がベースにあったところに、北方系の言語がまじりあって今に至るのではないか」みたいなことを言う人が多いようです。

　そんなこんなで「答えがない」だけに、この問題は素人が参入しやすいわけです。たとえば日本語の「名前」とドイツ語の「ナ

ーメ」は似ているから、日本語とドイツ語が同系統だ！　なんてことも、まぁ言えなくはないでしょう。

　私が読んだ一番トンデモな例は、「聖書に出てくるヘブライ語の人名『サイモン』が、日本語の『左衛門(ざえもん)』の由来だ」というもの。そういえば、青森には「キリストの墓」もありますもんね。じゃあ、来たのはサイモンじゃなくてイエスだろ、と言いたくなりますが、それ以前にこの説には抜本的な問題が多すぎ、**突っ込んだら負け**のような気もします。

　そんなこんなで今まで多くの言語との兄弟関係が取りざたされてきましたが、かつて、特に話題になったのが、ある国語学者が唱えた「日本語の先祖はタミル語だ」という説。タミル語とは、インド南部の言語の1つ。普通に考えれば「インド人もびっくりだよ、はっはっは」と笑い話で済みそうなところ、なにしろ唱(とな)えたのが著名な学者だっただけに、おおいに話題になりました。

　インド南部のタミル・ナードゥ州を中心に、全世界で7000万人以上によって話されているタミル語。下手なヨーロッパの言語よりよほど多くの話者がいる大言語です。

　このタミル人の使っている「タミル文字」がなかなかキュートなんですよ奥さん。言ってみれば、「地面からツタがにょろにょろと生えている文字」という風情。

தமிழ் எழுத்து முறை

　どうでしょう、このにょろにょろ具合。デーヴァナーガリー文

字（p28参照）などと同じインド系文字なのですが、どうしてこうなった、というくらい違います。

　文字としても（というか、言語としても）なかなかユニークで、たとえば、有声音と無声音の区別がない、つまり「カ」も「ガ」も同じ文字で表される一方、「ラ行」、専門的にいうと流音を表す文字が以下の5つもあるのです。

ர ல ழ ள ற

　つまりタミル語には5つのラがあるわけです。LとRすら区別できない日本人にとってはびっくりです。どうも舌の位置をどこに持ってくるかと、発声の際に舌を震わせるかどうかで使い分けているようです。器用だな。

　また、「ナ」行に当たる音も5つ。なかでもおすすめなのは

ண の文字。3回転半ジャンプのようにクルクル回ってます。

　うーん、こういうところからも、どう見ても日本語と同じとは思えないのですが……。

　実際、その方の本を読んでも、私のような素人から見ても「そりゃちょっと無理やりでは？」という論が多く、ロマンはあっていいのですが、実際には……という感じです。それでも、よく見たら、なんか日本語のかなに似ている文字を発見！

　அ の文字、「あ」になんとなくそっくりじゃないですか？　と、

思ったら、この文字「イ」と読むそうです。惜しい。もしこの文字が「ア」という音だったら、ひょっとして今ごろ「日本語とタミル語は兄弟だ」ということになっていたかもしれません。

　私は以前、このタミル・ナードゥ州に行ったことがあるのですが、人は穏やかで旅行もしやすく、油断も隙もない北インドとは、本当に同じインドなのかと思うほど、とてもいいところでした。まぁ、日本語と兄弟ってことになっていたら、それはそれで悪くなかったのかもしれません。

文字メモ

主な使用地域：インド、スリランカ、シンガポール
使用言語：タミル語

タミル語はスリランカやシンガポールでも公用語の1つとされている、実は意外と影響力のある言語。世界各地でこの地を這うようなフォルムの文字を見かける。だいぶインド系ばなれしたフォルムだが、子音だけだと「a」の音をつけて読むなどの基本ルールは同じ。

世界征服を企む文字
ラテン文字

　今、世界ではトランプ大統領の覇権主義が危険視されています。……しかし、私が世界平和への真の脅威だと感じているのは、別のことです。それが「ラテン文字による世界制覇」です。

　だって見てください。世界を見ればどこもかしこもラテン文字だらけ。アメリカ大陸やヨーロッパの文字はほぼラテン文字ですし、もともとラテン文字を使っていなかったアフリカもほぼ、ラテン文字の覇権に屈しています。

　エンクルマやケニヤッタも草葉の陰で泣いていることでしょう（アフリカ独立の闘志たちです。念のため）。

　もともと別の文字を持っていたアジアの国々ですら、トルコやベトナムのように**ラテン文字の軍門**に下った国がいくつもあります。

　しかも、アカデミックな世界で使われる用語も、プログラミング言語もほぼラテン文字と数字です。これはもう覇権主義としか言いようがありません。

　私は幼児向け英語教室のＣＭで「エービーシー、エービーシー！」などと聞こえてくると、「ラテン文字による幼児への洗脳活動か！」と憤慨しています。病気か。

　ともあれ、その覇権主義を打破すべく、ラテン文字が世界を制

覇した際に起こりうる問題を提起していきたいと思います。

問題1　読み方が安定しないことによるトラブル

　ラテン文字は本当に多くの国で使われています。ただ、それゆえ、同じ文字や表記でも読み方が微妙に違ったりします。

　有名なところでは、「cha」と書いて英語ではチャと読みますが、フランス語では「シャ」。「じゃあ、シャノワール（chat noir）で待ち合わせね」を、「じゃあ、チャット・ノイアで待ち合わせ」とでも読み間違ってしまった日には、**2人は一生出会えません**。チャット・ノイアってタイ料理店の名前みたいですね。

　あと、『おそ松さん（くん？）』のイヤミの有名なギャグ「シェー」が、英語では「チェー」となってしまいます。**まぁこれは別にいいか。**

問題2　表記が複雑になりがち

　ラテン文字とはその名のとおり、古代ローマ人たちの言語であるラテン語のために作られた文字。ラテン語というのはわりと音がシンプルな言語だったようで、sh とか ch とか、あるいは th なんて音もなければ、母音もごくシンプルに5つほどだったようです。そのため、もともとラテン語にはない音を表す際は、何かしらの調整をしなくてはなりません。

　この点ですごいのがポーランド語です。スラブ系の言語は複雑な音が目白押しなのですが、それをポーランド語では**独自の美学**に基づいた表記法で描きます。たとえば先ほども問題視した

「シャ」は、ポーランド語では「sza」です。「スザッ！」ではありません。

　ポーランドに「シュチェチン」という都市があるのですが、この綴りは「Szczecin」と、冒頭がわけのわからないことになっています。**「スズクゼチン」**とか読みそうです。アルゼンチンの友達か。

　ちなみにスラブ系言語にやさしいキリル文字では、「Щецин」と、わずか5文字で表せます。省エネ！

　ちなみに英語によくある「th」の表記すら、たとえば「cuthouse」（カットハウス）と言いたいときに、「カサウス」とか読んでしまいそうです。**お前はローマ人か**。あ、だからラテン文字なのか。

問題3　大文字と小文字の違いが中途半端

　大文字と小文字というからには単に大きさを変えればよさそうなものを、なぜかラテン文字では「A」と「a」のようにまったく違う文字にしてみたり、「D」と「d」のように微妙に向きを変えてみたり、かと思うと「C」と「c」、「S」と「s」のように大きさだけ変えてみたり……変えるのか変えないのか、どっちかにしろという話です。

　まぁこれを言うと、**日本語にブーメランのように返ってくる**のですが。「あ」と「ア」は全然違うのに、「へ」と「ヘ」は一緒じゃないか……と。

問題4　IとI（Lの小文字）が紛らわしい

Ie と le の違いなんて間違い探しです。
「イエ」かと思ったら「ル」と呼んだ日には、明日からあだ名が「パリジェンヌ」になること必至です。
……そろそろ苦しくなってきました。

問題5　余計な文字がある

「文字に貴賤なし」がモットーの私ですが、QとかXの文字については、「本当にいるの？」と疑問を呈さざるを得ません。

Xは基本、「ks」と書けばいいですし、Qも「kw」とすれば代用可能です。「マックスコーヒー」は「Makscoffee」に、「ドラゴンクエスト」は「Dragonkwuest」と書いてもとくに問題はありません。困るのはプロゴルファー猿の**ミスターXと探偵学園Q**くらいなものでしょうか。

まぁ、Xを「シュ」と読んだりするポルトガル語とか（それにしても、みな「シュ」を持て余してますね）、「キ」や「ケ」をqを使って書くスペイン語などの例もありますが。

問題6　下手すると記号だらけに

先ほどラテン文字の軍門に下った言語としてベトナム語を挙げましたが、ベトナム語は母音が多く、しかも「声調」というルールがあったりして、**ラテン文字にはありあまる**のです。

Tiếng Việt, còn gọi tiếng Việt Nam hay Việt ngữ

　こんな感じで、文字の中になんだか**ごま塩がやたらと振りかけられている**ようになってしまってます。

　まぁ、さんざんディスってみたのですが、結局は形がシンプルで、文字としての機能を過不足なく持っているからこそ、今に至るのでしょう。

　それにしても2000年以上前から使われている文字が、このようにインターネット上に流通しまくっている、ということに驚かされます。ローマ人もびっくりでしょう。

　こうなるともう文字というより「道具」ですが、たまには文字としての歴史も振り返ってあげたいところです。

文字メモ

今のラテン文字のうち、ローマ時代になかったのが子音の「j」で、これは母音「i」と区別するために15世紀ごろに分化した。よく見ればたしかにiの下がウニョーンと伸びた形をしている。英語だと「ja」は「ジャ」と読むが、これはジャドウ、もとい邪道で、他の言語の多くで「ヤ」と読むのはそのため。また、「u」と「v」も、16世紀ごろまで明確に区別されていなかったらしい。

これも文字と言えば文字
数字

　数学が苦手だった私ですが、あるとき「数字も文字だ」ということに気づいてからは、がぜん数字に興味が湧いてきました。もっとも、**「マヤ文字の数字は二十進法だ」**とか知ったところで、**数学の成績はピクリとも上がりませんでしたが。**

　ともあれ、多くの人が苦手とする（？）数字ですが、まったく言葉のわからない、さらには文字すら読めない国に行ったとき、安心する存在であることも事実。空港でも、とりあえず数字が書いてあれば「自分の乗る256便はこれか？」くらいはわかりますし、値札が読めれば「ああ、10ドルか10ペソなんだな」くらいはわかるはずです。**10ドルと10ペソで100倍くらい価値が違う**かもしれないことは、ここでは措きます。

　ですが、この「数字」、決して全世界共通ではありません。むしろ、各国にいろいろな数字があります。その代表がエジプトやUAEなど、アラビア語を使う国々です。

「え、でもアラブって『アラビア数字』を使ってるんでしょ？」と思われがちですが、具体的には、1〜9はこんな感じです。

0 1 2 3 4 5 6 7 8 9

٠ ١ ٢ ٣ ٤ ٥ ٦ ٧ ٨ ٩

なんていうか、全体的に「読めそうで読めない絶妙のイライラ感」を醸し出しています。1つ1つ見ていきましょう。

٠（0）や ١（1）、٩（9）などは、「まぁ、ほぼ同じかな」という感じです。٢（2）や ٣（3）はなんだか上を向いていますが、**上昇志向の表れ**でしょうか？

٤（4）は、雑に書くとこんなふうになりそうですね。٥（5）と ٦（6）は「**どうしてこうなった**」という感じです。

まぎらわしいのが7と8（ ٧ ٨ ）。向きが違うだけで、「**途中で形を考えるのに飽きた**」という投げやり感が漂っています。ちなみに私は「アラビア語の8は漢字の八」と覚えることで、紛らわしさを回避しています。

とまぁ、1つ1つツッコミを入れてみましたが、実際にはルーツはこちらのほうなので、むしろ**アラブ人がヨーロッパ人にツッコミを入れるべき**でしょう。

そして、さらに面白いことに、この数字、アラビア語では「インド数字」と呼んでいるのです。俗にいう「算用数字」はインドが発祥の地で、アラビアを経由してヨーロッパに伝わりました。ということで、ヨーロッパでは「アラビア数字」と呼び、そのアラビアでは「インド数字」と呼んでいるわけです。**三角関係か**。

このインド数字、正確には「デーヴァナーガリー文字の数字」ですが、こんな感じです。

0　1　2　3　4　5　6　7　8　9
०१२३४५६७८९

　いろいろツッコミどころはありますが、とりあえず**7と8をちゃんと書き分けようという意思**が感じられるところには好感が持てます。
　ともあれ、数字をはじめとした「記号」もまた、立派な文字であり、地域性やお国柄が出る。そう考えると、数学もまた楽しくなるのではないでしょうか。そんなことを考えてると、**問題を解くスピードは確実に落ちる**と思いますが。

かな導入のご提案
ひらがな

　最近、「クールジャパン」ということで、日本文化を海外へ輸出する流れが一種のブームとなっております。食文化、マンガ・アニメ、ファッション……それらはたしかに素晴らしいものですが、何か大事なものを忘れてはいないでしょうか。そう、日本固有の文字である「ひらがな」「カタカナ」です。

　かつて文字を持たない言語に対して、欧米の、主に宣教師たちが、ラテン文字を使ってその言語を書き表す方法を開発しました。そういった経緯もあり、アジア、アフリカなどを中心に、新興国の多くの言語がラテン文字を使うに至っているのですが、世界にはまだ、文字を持たない言語が数多くあります。

　そんな人たちにぜひ、「かな」の素晴らしさを伝え、採用してもらいたい……。その熱き思いを「**パワーポイントによるプレゼン資料**」にまとめました。

「文字を持たない人たちに、パワーポイントのプレゼンが通じるのか」という問題に**後から気づきましたが、気にせず進め**ていきたいと思います。

　※※※

「えー、本日はお忙しい中お集まりいただきましてありがとうございます。私、日本かな文字普及推進委員会の松と申します。今日は錚々(そうそう)たる方々の前で緊張しておりますが、**モジモジすることなく**文字の魅力を PR させていただきます」

　ウィットに富んだ文字ジョークで聴衆は大爆笑。心をばっちりつかみます。プレゼン相手が日本人でないことは、この際無視します。

「では、まずはスライドの1枚目をご覧ください」

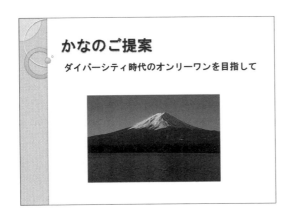

　プレゼン資料もいまや、ビジュアルが大事。ということで、みんな大好き知名度抜群の富士山のイメージで「クールジャパン」を猛アピール。同時に、「ダイバーシティ時代のオンリーワンを目指して」という**何かを言っているようで何も言っていないサブタイトル**で知性をきらりと光らせることも忘れません。

クライアントをぐっと引き付けてからの、スライド2枚目。

　最初のメリットを紹介する前に、仮想敵であるアルファベットを落としにかかります。「み」を表すのに「MI」と2文字も使わねばならないラテン文字の燃費の悪さを批判しつつ、それがひいては地球環境すら悪化させる可能性も指摘。入力に疲れ果てた（と思われる）女性のイラストで、職場環境の悪化も示唆(しさ)します。

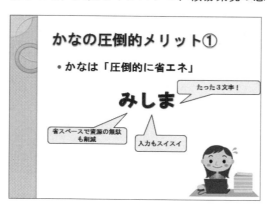

ここで一転、スライドをめくり、かなのメリットをアピール。「なんと、たった3文字で『ミシマ』が表記できるのです！」と、ドラマチックに訴えかけましょう。

　ここでもし、「その分多くの文字を覚えなくてはならないのでは？」とか、「そもそも、ワープロで打つ際は結局『ＭＩ』と入力するので、文字入力の手間は変わらないのでは」という**もっともな疑問**が上がってきたら、笑顔で**「その点については、後日調整させていただきます」**と答えましょう。調整しようもありませんが、ここで動揺を見せてはいけません。

　クライアントの期待（不安か？）が高まってきたところで、次の一撃。フォルムのスマートさをアピールします。

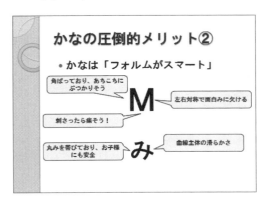

不良が肩を怒らせて歩いているような「M」のフォルムを強調し、「こんな文字と街中でぶつかったら、子どもが怪我をしてしまうかも」という危険性を指摘することで、保護者の親心を喚起。そのうえで、滑らかでやさしいかなのフォルムを

アピールするという寸法です。**「街中で文字とぶつかるって、どういう状況だ？」**という突っ込みは、勢いで乗り切ります。

ここまでくれば、クライアントもかな採用にかなり傾いているかと思います（そうか？）。

ただ、ここまではどちらかというと主観的、感性的な話が中心。そこで、より客観的、学術的に、かなのマクロ的なメリットをより高い視点からアピールしていきます。こういうときは、ビジネス理論を**都合よく**用いるのが手です。

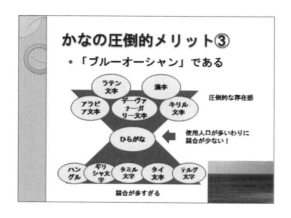

ここでいう「ブルーオーシャン」とは、INSEAD（欧州にある名門経営大学院）のチャン・キムとレネ・モボルニュが説く経営戦略の1つで、競争の激しい既存市場ではなく、競合のいない市場（ブルーオーシャン）を探し出し、そこで勝つことをめざすというもの。

だから、競合が少ない（と思われる）日本語を使用することは

まさにブルーオーシャンだ、と強くアピール。

　たぶん、**キム、モボルニュ両氏が聞いたら卒倒する**ような論ですが、聞いているわけもないので笑顔で言い切りましょう。さらに、そして畳みかけるように次のスライド、「その他のメリット」を紹介。

```
他にもある様々なメリット
 • 日本語の本も読める
 • 日本で出版されているテキストが使用可能
 • ５０個しかないので覚えやすい
 • アジアで「カワイイ」と大人気！
 • 「お前、まだローマ字？」と優越感に浸れる
 • 変わった文字を書いている自分に酔える
 • 女性にモテる
 • 背が伸びる
 • 「宝くじが当たった」など喜びの声、多数
```

　ここで大事なのはとにかく数。なんでもいいので集めましょう。その結果、途中から**明らかに怪しい話**になっていますが、5秒くらいで画面を切り替えて、華麗にスルーさせるのがポイントです。

　最後に「導入に向けてのロードマップ」（この「ロードマップ」という言葉もかっこいいです）で、ダメ押しを。

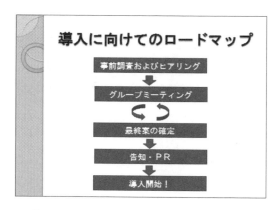

　単なる一方通行の矢印だけでは芸がないので、円を描くような逆向きの矢印を活用することで、「双方向感」を出すのもテクニックの1つ。決して、**ミーティングが紛糾して先に進まない状況を表しているのではありません。**

「これで終わりか」と思ったところにさらにもう1つ、お得な情報を付け加えるのもプレゼンのテクニックの1つ。通販番組でよくやっている「布団がさらにもう1枚！」「**高枝切りバサミをセットで**」というアレです。

> **オプションのご案内**　今ならなんと30％オフ
>
> 人気の「ひらがな」と「カタカナ」がセットに！
> **「ひらがな・カタカナ」ダイナミックプラン**
>
> ひらがなの導入だけでなく、同時にあの「カタカナ」を導入いただけるというお得なプラン。そのカクカクしたフォルムが人気のカタカナを導入される絶好のチャンスです。ぜひ、ご検討ください。

　ポイントは「何が30％オフなのか曖昧（あいまい）にしておく」ということでしょうか。
　いかがでしょうか。クールジャパン全盛の今こそぜひ、多くの人に「かな」の魅力を知ってもらうべく、政府にもぜひ前向きに検討してもらいたいと思っております。

文字メモ

主な使用地域：日本
使用言語：日本語

文字としてのかなの特徴を表せば「音節文字である」「清音と濁音を点で区別する」「2つの種類があり（ひらがなとカタカナ）、用途によって使い分ける」「子音のみを表す文字が2つしかない（「ん」と「っ」。「っ」は微妙だが）」「分かち書きをしない」あたりか。こうしてみるとけっこう特殊な文字なんだなとあらためて気づかされる。

トリ情報の流出
漢字

　先日、ピースサインをして撮った写真を SNS に載せる危険性を指摘するニュースを読みました。最新の技術だと、写真からでも指紋を読み取ることが可能だそうで、指紋認証などに悪用される可能性があるというのです。

　つまり、**ピースよりも中指を突き出すあのポーズのほうが平和的**というわけで、いやはや、ファッ○ンな時代になったものです。

　そんなニュースを聞きながら思い出した人がいます。中国の蒼頡(そうけつ)さんという人物です。といっても、数千年前の人ですが。実はこの人、漢字を「発明」した人物として知られています。

　あるとき彼が砂浜を歩いていると、そこに鳥の足跡がくっきりと残っていた。足跡はそれぞれ特徴があるため、どんな鳥がいたかが一目瞭然。これを見て、「あれ、これを応用すれば記号でモノが表せるんじゃね？」と思いつき、それが漢字の起源になった、ということです。

　足跡からすべてを読み解く……まさに**古代の名探偵コ○ン**。といえば聞こえがいい（よくもないか）ですが、やっていることは**古代の指紋盗用**。正確には「足紋」ですが、個人を特定されやすくなった鳥にとってはいい迷惑です。

「最近、なんか迷惑メールがやたら届くんだよねー」
といった感覚で、
「最近、なんかやたら**狩人に待ち伏せされる**んだよねー」
なんて会話を交わしていたかもしれません、鳥が。
「トリの足跡を勝手にトリやがって」
と、さぞ怒り心頭だったことでしょう、鳥が。

この蒼頡さん、明らかに伝説上の人物なのですが、実際に足跡が文字を生み出すヒントになったということは、十分に考えられます。

ちなみに文字の発明に関する神話は各地に残されていて、たとえば古代エジプトのヒエログリフは知識や学問の神であるトトが発明したとされています。ちなみにこの神は鳥（トキ）がモチーフ。中国と違い、鳥自らが文字を開発したわけです。すごいな鳥。

すさまじいのは北欧のルーン文字。北欧神話の主神であるオーディンが発明したとされているのですが、この文字を手に入れるため、**オーディンは身体に槍を刺したまま首を吊って、神に自らを捧げた**んだとか。イマイチ意図がつかめません。**捧げられた神もさぞ困惑**したことでしょう。

それに比べると蒼頡さんのエピソードはいたって平和的ではあるのですが、彼も**目が４つあった**とかされているので油断なりません。

文字の誕生とグロテスクなイメージは、当時の人が文字に感じていた神秘性を表している、のかもしれません。

文字メモ

主な使用地域：
中国、台湾、日本、シンガポールなど
使用言語： 中国語、日本語など

特殊なものと捉えられがちな漢字だが、世界での使用人口は約15億もいて、ラテン・アルファベットに次ぐ堂々の2位。かつては日本でも中国でも「漢字廃止論」が真剣に検討されたものだが、いつの間にかこんなことに。ただし、かつて使っていたベトナムや朝鮮半島では使われなくなってきている。

おわりに

　さて、世界各国のいろいろな文字を見てきたわけですが、本来の趣旨（？）である究極の文字のことをすっかり忘れていました。まぁ、こう言ってはなんですが、**「文字に貴賤なし」**というのが唯一最大の結論ですが、それでは話が進まないので、意地でも**究極の文字をでっち上げたい**と思います。

フォルム：丸と曲線
　古代文字の直線的なフォルムも捨てがたいものがありますが、やっぱり美しい文字は曲線の多いフォルムをしているもの。これならヤシの葉に書いても破れません。代わりに木に彫りつける際に不便ですが、**そんな機会はまず来ないので**問題ないでしょう。ヤシの葉に書く機会もそうそう訪れませんが。
　私が思い描く曲線が美しい文字として、ひらがなの「あ」があります。とりあえず、これを元に文字を創作したいと思います。

文字のシステム：記号で母音を
　効率を考えれば、ラテン文字のような「音素文字」が便利に決まってますが、それでは面白くありません。ここはインド系の文字やゲエズ文字を参考に「文字のまわりに記号がつくことで母音を表す」システムを採用します。記号はちょっとおしゃれに「星」などどうでしょう。

中学生が考えるサインのような文字ができあがってしまいましたが、気にせず進めます。

飾りがほしい

　文字は実用的なものですが、たとえばクメール文字のギザギザのような装飾があると、ぐっと華やかに。なかでもジャワ文字のヒガンバナみたいな記号は素敵でした。文字の「いいとこどり」をしたチェロキー文字のシクウォイアさんにならって、積極的に**パクって（リスペクトして）**いきましょう。

　さらに、星ももう少し増やして……

 うん、これは究極の文字と言うよりも、**小林幸〇を表す象形文字**ですね。

　やればやるほどいろいろなものを冒瀆してしまいそうなので、このくらいにします。

　繰り返しになりますが、やっぱり古今東西のそれぞれの文字は、それを使う人たちによって育まれてきた唯一無二のものであり、そこに貴賤はありません。文字はあくまでツールであり、そこに乗せられた意味にこそ価値があるわけですが、たまにはそこから離れて、文字の形や個性を愛でてみるのも面白いのではないでしょうか。

参考文献

『CDエクスプレス チベット語』(星実千代、白水社)
『書いて覚えるヒンディー語の文字』(町田和彦、白水社)
『華麗なるインド系文字』(町田和彦編、白水社)
『[図説]マヤ文字事典』(マリア・ロンゲーナ、創元社)
『書いて覚えるタイ語の初歩』(水野潔・中山玲子、白水社)
『ベルベル語とティフィナグ文字の基礎』(石原忠佳、春風社)
『世界の文字の図典 普及版』(世界の文字研究会編、吉川弘文館)
『図説 アジア文字入門』(東京外国語大学アジア・アフリカ言語文化研究所編、河出書房新社)
『ルーン文字の世界』(ラーシュ・マーグナル・エーノクセン、国際語学社)
その他「Omniglot」をはじめとする各種サイトの情報も参考にさせていただきました。
※本書に出てくる各国語の例文は「Wikipedia」「Omniglot」などから引用しています。

松樟太郎（まつ・くすたろう）

1975年、「ザ・ピーナッツ」解散と同じ年に生まれる。某大学ロシア語科を出たのち、生来の文字好き・活字好きが嵩じ出版社に入社。文字とは1ミリも関係のないビジネス書を主に手がける。現在は、ビジネススキル雑誌の編集長を務めつつ、新たな文字情報がないかと非生産的なリサーチを続けている。そろばん3級。TOEIC受験経験なし。シリーズ「コーヒーと一冊」に初の単著『声に出して読みづらいロシア人』（ミシマ社）がある。

本書は「みんなのミシマガジン」（http://www.mishimaga.com）の連載「究極の文字をめざして」を改題し、加筆・再構成したものです。

究極の文字を求めて

二〇一八年六月三日　初版第一刷発行

著　者　　松樟太郎

発行者　　三島邦弘
発行所　　株式会社ミシマ社
　　　　　郵便番号　152-0035
　　　　　東京都目黒区自由が丘2-6-13
　　　　　電話　03（3724）5616　FAX　03（3724）5618
　　　　　e-mail　hatena@mishimasha.com
　　　　　URL　http://www.mishimasha.com/
　　　　　振替　00160-1-372976

ブックデザイン　名久井直子

印刷・製本　　株式会社シナノ
組版　　　　　有限会社エヴリ・シンク

©2018 Kusutaro Matsu Printed in JAPAN
本書の無断複写・複製・転載を禁じます。
ISBN　978-4-909394-07-1